50 Jahre Abenteuer

Christiane Wahle

50 Jahre Abenteuer

Mein Road Trip durchs Leben

Memoiren

Bibliografische Information der Deutschen Nationalbiblio-
thek: Die Deutsche Nationalbibliothek verzeichnet diese Pub-
likation in der Deutschen Nationalbibliografie. Detaillierte
bibliografische Daten sind im Internet über http://dnb.dnb.de
abrufbar.
Überarbeitete Neuauflage: 50 Jahre Abenteuer
Texte: 2025 Copyright Christiane Wahle, Freiburg
Fotos: 2025 Copyright Christiane Wahle, Freiburg
Umschlag: 2025 Copyright Christiane Wahle, Freiburg
ChristianeWahle@web.de
Verlag: BoD · Books on Demand GmbH, Überseering 33,
22297 Hamburg, bod@bod.de
Druck: Libri Plureos GmbH, Friedensallee 273, 22763 Hamburg

ISBN: 978-3-7693-9996-7

Liebe,

Lache,

Weine,

Trau dich,

Fühle,

ALLES!

Für mein

Mutschekiepchen

INHALT

1. Reise meines Lebens
2. Wie ich das Reisen lieben lernte
3. Alger la Blanche
4. Turbulente Jahre
5. Die Alleinreisende
6. New York City
7. Greyhound
8. Go West
9. The right Turn
10. Taos
11. Follow me
12. California – here we come
13. Der Weg ist das Ziel
14. Indianerland
15. Fishing
16. Sightseeing
17. Earthship
18. MorningRain
19. Fourtyniner und Georgia
20. Germany
21. Home is where the Heart is
22. San Geronimo Fest
23. Traditionen
24. Hochzeit und Geburt
25. Der allerschönste Platz auf Erden
26. Kinder und weitere Lieblinge
27. Kuriose Erlebnisse

28. TAOS my Home

29. Kiva-Nächte

30. Der heilige Blue Lake

31. Umzug in die Stadt

32. Der Peyote-Weg

33. Auf dem Kriegspfad

34. Ein langer Weg zurück

35. …kommt von irgendwo ein Lichtlein her…

36. Und noch mehr Licht

37. Ab in die Wüste

38. Der türkisfarbene Turban und ein Überfall

39. Tam und Dadi

40. Meer ohne Wasser

41. Ouaga und Mopti

42. Bamako und Abidjan

43. Neue Freunde

44. Umzug nach Santa Fé

45. Mein neues Leben

46. Harry

47. Letzte Monate in Santa Fé

48. Follow your Dreams

49. Marrakesch

50. Ouarzazate

51. Abdel

52. Meine marokkanische Familie

53. Dinge überschlugen sich

54. Was danach geschah

1. Reise meines Lebens

Die Erinnerung ist das einzige Paradies, aus dem wir nicht vertrieben werden können.

Jean Paul (1763-1825)

Wenn ich mal alt bin – so hatte ich es mir immer vorgestellt – werde ich in einem knarzigen Schaukelstuhl sitzen und mich in Gedanken auf eine Reise durch mein Leben begeben. Nun sitze ich hier in meinem knallroten Ohrensessel von Ikea, nippe an einem Martini Fiero und ziehe das endlich durch.

In meinem Inneren tut sich ein Brunnen von Gefühlen auf, und ich flenne Freudentränen über die Geschenke meines Lebens: LIEBE, GUTE FREUNDE, GLÜCK, REISEN, FREIHEIT, ABENTEUER und GESUNDHEIT.

1950, mit 10 ½ Pfund in Braunschweig auf die Welt gekommen, Augen zu gequollen, dunkle Haut und schwarze Locken, wurde ich *Joe Louis* genannt. Von da an habe ich mich wie der Box-Weltmeister auf leichten Füßen, trotz heftiger Widerstände und Tiefschläge, durchs Leben geboxt.

Beide Eltern, meine Mutter war Stenotypistin und mein Vater Ingenieur, arbeiteten ganztags. Mein Bruder und meine Schwester, zehn Jahre älter als ich, waren kaum anwesend und heirateten früh. Mein Bruder wanderte sechsundzwanzigjährig mit Frau und Kind nach Australien aus. Meine Schwester zog in die Schweiz. Ich wurde von zwei Patentanten gehütet. Meine Taufe fand in der St. Michaelis Kirche statt, die von den Erbauern „den Reisenden und Heimatlosen" gewidmet worden war.

Wenn das man kein Omen bedeutete…

Ab dem siebten Lebensjahr baumelte ein Schlüssel um meinen Hals. Er gab mir das erste Gefühl von FREIHEIT und Grenzenlosigkeit. *Mark Twain's Tom Sawyer* und *Huckleberry Finn*, ebenso *Mecki's Abenteuer* waren die Zündung für meine Unternehmungen. Wen wundert's, dass ich herumstreunte, oft mit Jungs aus der Nachbarschaft, und mich neugierig auf eigene Entdeckungsreisen begab?

Als Mutprobe klaute ich mal ne Zitrone, mein schlimmstes Vergehen! Das wurde in der Schule gemeldet, und ich wurde „schwer" bestraft.

Wenn meine Mutter mich dann mit dem Teppichklopfer „verkloppen" wollte, stellte mein Vater sich schützend vor mich und meinte: „Lasse doch!". Man sagte daher: ich sei mit „Lasse doch!" großgeworden. Tagelang strich ich an einem Roma-Camp vorbei, in der Hoffnung, sie würden mich mitnehmen, wovor meine Mutter mich eindringlich gewarnt hatte. Dort gab es obendrein Tiere, die ich nicht haben durfte.

Später trieb ich mich auf dem „Rummel" herum, fuhr Tunnelbahn und Auto-Skooter, wobei ich mir mal das Handgelenk brach. Das Geld für die Vergnügungen verdiente ich mit dem Pfand von Flaschen, die gegenüber im Eintracht-Stadion unter die offenen Tribünen fortgeworfen wurden.

In der Innenstadt von Braunschweig gab es eine Eis-Diele „*Tante Puttchen*". Für die Besitzer, ein älteres Ehepaar, erledigte ich Einkäufe und bekam dafür leckeres Eis oder Cola. Ich liebte den kleinen, verqualmten Laden, denn er war immer voll von Jugendlichen, und aus der *Juke-Box* tönten die neuesten Hits. Vorm nachhause gehen staubte ich eine Zigarette ab, um sie hinter einem Gebüsch im Park heimlich zu rauchen. Wie kindisch war das denn?

Eine Zeit lang schwärmte ich für *Rasputin* und den Torero *EL Cordobés*. Damals trug ich ausschließlich „501" *Lewis*, Nyletest-Hemden und Club-Blazer. Im Fernseher schaute ich am liebsten Western-Filme an und hing gebannt vor dem *Musikladen*. Natürlich sang ich – wie alle - mit einer Haarbürste als Mikrofon sämtliche Hits mit.

Ich liebte es, mit meinem Vater schwimmen zu gehen. Sonntags schickte meine Mutter uns ins Kino, während sie kochte oder in der Eckkneipe „*Preisskat kloppte*".

Meine Mutter festigte zudem den Glauben in mir, **immer** GLÜCK zu haben. Stets durfte ich auf dem Rummel für die ganze Familie die Lose ziehen, weil angeblich nur ich das Glück gepachtet hatte. Bei ihren Zigarettenpausen auf Reisen sollte ich vierblättrigen Klee suchen. Noch heute tauchen immer wieder gepresste Zeugnisse meiner erfolgreichen Erkundungen in Büchern auf.

Bis dato habe ich viel gewonnen: unzählige CDs und Konzertkarten, u.a. für *UB40, Michael-Jackson, Katzenjammer, James Morrison, Juanes, Mighty Oaks, Wincent Weiss, Sasha* und *Roger Cicero.*

Ich war bei *Günther Jauch (Wer wird Millionär),* bei *Alexander Bommes (Gefragt/Gejagt),* habe bei "*99 - Wer schlägt sie alle?*" mit „SchmiSo" mitgespielt und wurde zu Reise-Reportagen eingeladen.

Wildfremde Mädchen nahmen mich umsonst mit in eine ausverkaufte Show in der „*Großen Freiheit 36*" auf der Reeperbahn, wo *Matthias Reim* ein bombastisches Spektakel abzog.

Auf Sylt ließ mich eine ältere, einheimische Dame kostenlos in ihrem Haus wohnen, solange ich mochte.

Mein Spielerglück hat sich mehrmals deutlich in Las Vegas und in Baden-Baden gezeigt, und ein Lottogewinn brachte mich nach Hawaii.

Selbst als ich völlig blank war, luden mich GUTE FREUNDE zu Trips nach *Balboa Island,* zum Urlaub in Australien, zum Segeltörn um die Jungferninseln oder zu einer Sahara-Durchquerung ein. Einige Freiflüge in die USA habe ich ebenso dankbar angenommen, wie *„Upgrades"* in die Business-Class oder in die *VIP-Lounge* beim *Rod-Steward*-Konzert. *Lucky me!!!*

Mein Vater war meine erste große LIEBE. Andere folgten.

Ich gründete verschiedene Geschäfte und verkaufte sie, sobald sie gut liefen. Das gab mir die Freiheit, Neues auszuprobieren, und ich hatte wiederum Mittel für frische ABENTEUER.

Am dankbarsten jedoch bin ich für meine GESUNDHEIT! Negative Erfahrungen kann ich, sind sie einmal vorbei, wunderbar verdrängen. Also, ich kann es nicht anders sagen: ich bin ein richtiger Glückspilz!

Ich habe das Leben geführt, was meiner Bestimmung entsprach. Es war gefüllt vom ersten Tag an. Ich erlebte höchste Höhen und tiefste Tiefen, und es hat mich zu der gemacht, die ich heute bin. Nichts davon möchte ich missen, und nichts davon bereue ich auch nur für eine Sekunde.

Ich habe gelebt, geliebt, mich getraut, gelacht, geweint, alles gefühlt, und ich habe auch keine Angst vor dem Tod.

Mein Paradies ist auf der Festplatte in meinem Kopf gespeichert. Doch habe ich das Gefühl, ein paar MBs sind noch frei und warten darauf, gefüllt zu werden…

…bevor es auf die letzte große Reise geht.

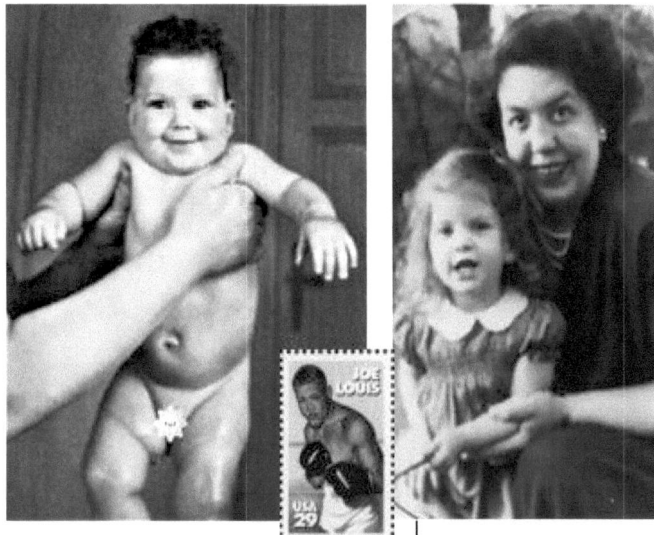

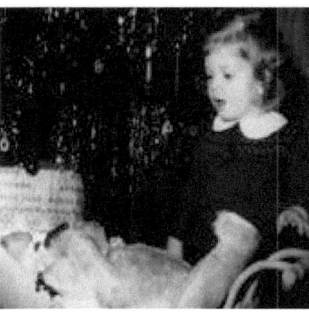

2. Wie ich das Reisen lieben lernte

Als ich sieben war, erschien das *Rote Kreuz* mit einer fremden Frau aus Jugoslawien, die behauptete, die Schwester meiner Mutter zu sein.

Niemand hatte bis dahin gewusst, dass „Opi" nicht mein *richtiger Großvater* war. Es stellte sich heraus, dass ein serbischer Gastarbeiter meine Großmutter geschwängert hatte und sie zurücklassen musste, als der 1. Weltkrieg ausbrach.

Nachdem *Tante Gordana* aufgetaucht war, fuhren wir mit unserem *Brezelkäfer* (geteilte Heckscheibe) jeden Sommer nach Jugoslawien, um meinen *„Deda Boja"*, meinen *Opa Jovanovic*, zu besuchen.

Ich hatte es mir immer zwischen Rücksitz und Heck gemütlich gemacht und ließ alles an mir vorbeirauschen. Standardsatz meiner Mutter: „Nun sieh dir doch bloß die Landschaft an!".

Wenn mir in den österreichischen Serpentinen saumäßig schlecht wurde, habe ich die damals neuartigen *Kraft Scheibletten* gelutscht. Meine Eltern, beide Raucher, legten viele Pausen ein, mit *„Peter Stuyvesant, dem Duft der großen, weiten Welt"*. Die knallrote *Parallelo-Jacke* meiner Mutter musste stets mit dabei sein - für die ersten Farbfotos, die mein Vater schoss. Dabei brachte er mir das Fotografieren mit meiner *Agfa Synchro Box* bei.

Wenn meine Eltern für die gesamte Dauer meiner Schulferien keinen Urlaub bekamen, setzten sie mich kurzerhand in den Zug nach Belgrad, wo mich meine Tante in Empfang nahm. Dann ging's in einer klapprigen Eisenbahn weiter zu meinem *Deda*, der in *Novi Sad* lebte.

Es war die selbe Bahn, die noch heute diese Strecke befährt, denn ich habe vor wenigen Jahren die gleiche Reise wiederholt (*„Sentimental Journey"*). Das Rattern der Eisenbahnräder war längst zum Lieblingssoundtrack für meine Reisen geworden.

In *Deda Bojas* Garten spielte ich damals mit seinen Kaninchen. Er brachte mir Weitspucken in einen Spucknapf bei (ich bewunderte seine Fähigkeit darin), sowie das Fliegenfangen mit gekrümmter Hand. Dann schipperten wir auf der Donau herum und angelten.

Liebevoll nannte er mich *„Mala Lutka"* - kleine Puppe.

Täglich streunte ich mit anderen Kindern durch die Gegend und lernte dabei fließend Serbokroatisch.

Waren meine Eltern dann schließlich da, floss bei den Erwachsenen der selbstgebrannte *Slibowitz,* und alle Sprachbarrieren waren auch bei ihnen futsch. Ein lebendes Schwein, auf dem Markt ersteigert und (hin- und) hergerichtet, wurde beim Bäcker über Nacht knusprig gebacken. Krautsalat, Musik und ausgelassene Stimmung dazu – besser ging's nicht!

Reisen in fremde Länder, andere Kulturen erleben, das war was Tolles!

Ein paar Jahre darauf verstarb mein Großvater. Nun erkundeten meine Eltern und ich die gesamte Adria-Küste, Italien und Frankreich – zuerst mit einem Zelt, später mit dem Wohnwagen.

Einige Sommer verbrachten wir in Spanien, wo ich viele internationale Freundschaften schloss. Mit einem ausgelassenen Haufen junger Leute hing ich im Schatten duftender Pinienwälder herum, mit Gitarren, Songs und heißen Flirts. Dort bekam ich meinen ersten Kuss.

Abends kreiste die Sangria-Flasche, während wir uns beim Tischfußball mit eisernen Männchen bekämpften.

In meiner Gymnasium-Klasse daheim waren wir 24 Jungs und sechs umschwärmte Mädchen. Pubertierende Teenager, die Spaß auf Klassenfahrten hatten und die bei Keller-Partys, in dampfenden Polyesterpullovern eng aneinandergeschmiegt, schwoften. Mein Schulfreund Wolfgang war mein Favorit und ist ein Freund bis heute. Wir alle waren verrückt nach den *BEATLES* oder den *STONES*. Beides ging nicht! Entweder *Mods* oder *Rocker*.

Ich war mega-faul, lernte für das Schreiben von Arbeiten erst kurz vorher in den Pausen auf der Toilette. So flatterte zum Jahresende stets ein „blauer Brief" ins Haus: *„Christianes Versetzung ist gefährdet"* (Mathe, Chemie, Physik: *„mangelhaft"*). Doch bis Ostern hatte ich das jedes Mal irgendwie wieder hingebogen.

Mit der *Mittleren Reife* hatte ich trotzdem von der regulären Schule genug, obwohl meine Eltern mich mit ‚*einem Auto für ein Abitur'* lockten. Ich wollte weg vom Gymnasium und auf die Kunsthochschule. Davor brauchte ich dann allerdings eine Lehre.

So wurde ich Schneiderin.

O-Ton meiner Mutter: „Mit dem Beruf hast du immer was zu essen, ob im Krieg oder im Ausland!". Und sie sollte so recht behalten!

Mit meiner Jugendliebe Friedhelm erlebte ich auf einer Studienreise 1968 den *„Prager Frühling"*. Auf der Hinfahrt ging es im Bus noch hoch her. Alle tanzten und sangen ohne Unterlass das Lied von *Franz Josef Degenhardt „Sie tanzten besessen die Tarantella"*. So eindringlich und laut - es klingt noch heute in meinen Ohren.

Die Stimmung in Prag hingegen war düster, ebenso wie das Wetter. Sowjetische Panzer standen in den Straßen und um den *Wenzelsplatz* herum.

Es war eine sehr beängstigende Atmosphäre. Für unsere zwangseingewechselten Devisen konnten wir lediglich Kaviar und Krimsekt kaufen – sonst gab es nichts. Die Regale in den Läden waren leer. Im Fahrstuhl des Hotels wurden wir oft um D-Mark angehalten.

Nach meiner Ausbildung begann ich eine Verkaufs- und Schneider- Tätigkeit bei „*CARLSON* Damenmoden" in Braunschweig. Ich wollte erstmal Geld verdienen – Kunsthochschule hin oder her. Wir waren ein eng verbundenes Damen-Team. Dazu hatten wir einen tollen Chef, mit dem ich noch jahrelang in freundschaftlichem Kontakt blieb.

Trotz dieser schönen Erfahrung brach ich auf zu neuen Abenteuern. Ich folgte der Liebe und meinem Verlobten Sami nach Algier.

Sentimental Journey

Gonna take a sentimental journey
Gonna set my heart at ease
Gonna make a sentimental journey
To renew old memories

Got my bag, got my reservation
Spent each dime I could afford
Like a child in wild anticipation
I like to hear that "ALL ABORD"

3. ALGER LA BLANCHE

Niemals im Leben wollte ich sagen müssen: „Ach hätte ich doch nur…". Auch auf die Gefahr hin, dass es grandios in die Hose ging!

Kaum hatte mir meine Mutter zu meinem 21. Geburtstag (damals Volljährigkeit) meinen Pass zugeschickt, kündigte ich Job und meine kleine Miet-Butze, in die ich wegen ständiger Auseinandersetzungen zuhause, gezogen war. Alle sieben Sachen waren bereits in Seesäcke gestopft. Army-Säcke, möglichst mit Namen eines *G.I.* drauf, rochen für mich nach weiter Welt und versprachen Abenteuer! Damit ging's ab in Richtung Algier zu Sami.

Meine Moneten reichten gerade für Zug und Flug, aber nicht fürs Übergepäck. Der Frankfurter Flughafen bestand 1971 nur aus einem kleinen Gebäude. Ich erklärte dem Käpt'n der *Air Algérie* meinen Fall. *„Pas de problème!"*, meinte der. Es gab bloß vier Passagiere. Er lud mich beim Flug sogar ins Cockpit ein, wo wir gutgelaunt „Hühnchen mit Reis" verdrückten – unter einem einzigartigen Sternenhimmel.

Es war traumhaft, und damals war das alles noch möglich.

Am *„Airport Boumedienne"* erwartete mich ungeduldig mein Verlobter. Wir waren seit zwei Jahren zusammen, woran meine Mutter schier verzweifelt war. Sami hatte in Deutschland Mühlenbau-Technik studiert, musste jedoch sofort nach Beendigung in seine Heimat zurück. Wir hatten damals sogar erwägt, nach *Gretna Green* in Schottland auszubüxen, um noch schnell zu heiraten. Das war dort ohne Einwilligung der Eltern ab 16 Jahren möglich.

In Algier fühlte ich mich sofort zuhause, als ob ich dort schon einmal gelebt hatte. Die Stadt, sowie die Menschen, waren mir derart vertraut. Mit Samis Mutter *Zoubida* kam ich gut aus. Sie konnte als Hausmeisterin einer Schule sogar dort wohnen. So lebten wir allein in der großen Wohnung, bis auf ihre wöchentlichen Besuche.

Sie gab mir den Namen „*Samira*" (Schönheit des Mondes).

Einzig die gierigen Männerhände, die mich in Bussen oder Straßen angrabbelten, brachten mich auf die Palme. Ich verhielt mich aber ebenso hirnlos: meine Kleidung bestand lediglich aus knapper Mini-Mode, wie sie in Europa damals gerade angesagt war.

Also bat ich Samis Mutter, mir einen Ganzkörperschleier, den *Haik*, zu leihen. An Kajal-Augen, die übers spitzenbesetzte Gesichtstuch blinzelten, konnte ja niemand erkennen, ob ich jung oder alt war. Von da an fühlte ich mich frei und konnte unbelästigt gehen, wohin ich wollte. Vor allem durch die unheimliche und damals noch sehr gefährliche *Kasbah*. Dort huschte ich über Treppen, durch enge Gassen hinunter zum Hafen, wo sich mein kleiner Nähzutaten-Laden befand.

Als *Couturière* eroberte ich prompt die Frau des Deutschen Konsuls als Kundin. Für sie zauberte ich kostbare Abendroben für ihre vielen Empfänge, wurde großzügig entlohnt und dann noch mit deutschem Brot und Wurst versorgt. Was wollte ich mehr?

Wir lebten hoch über der Stadt und konnten auf die weiße Stadt und den hell erleuchteten Hafen blicken. Tagsüber hockte ich mit Nachbarinnen in meinem selbstgenähten *Sarouel*, dem langen Rock mit seitlichen Beinschlitzen, auf der Dachterrasse, von der man in Innenhöfe spähen konnte.

Die Frauen schäkerten mit anderen in den tiefergelegenen Häusern, während sie sich gegenseitig mit Henna die Haare färbten und in Blechtrommeln *Chaoa* schwarzrösteten. Der holzige Kaffeeduft schwebt noch heute in meiner Nase.

Wenn wir abends bei Sonnenuntergang die beleuchteten Schiffe unten auf dem Meer liegen sahen, umwehte uns der Wohlgeruch gegrillter *Mechoui*, der Grillspieße, der sich mit dem Duft von Jasmin-Sträuchern verquirlte. Heitere Stimmen und das Gehupe von Autos, Rufe des Muezzins und Schreie der sich paarenden Katzen waren unsere Tonkulisse, untermalt vom Zirpen der Zikaden. Da waren Deutschland, und der Wunsch nach Rückkehr fern wie nie.

Algier, die weiße Stadt, mein Sehnsuchtsort bis zur heutigen Stunde.

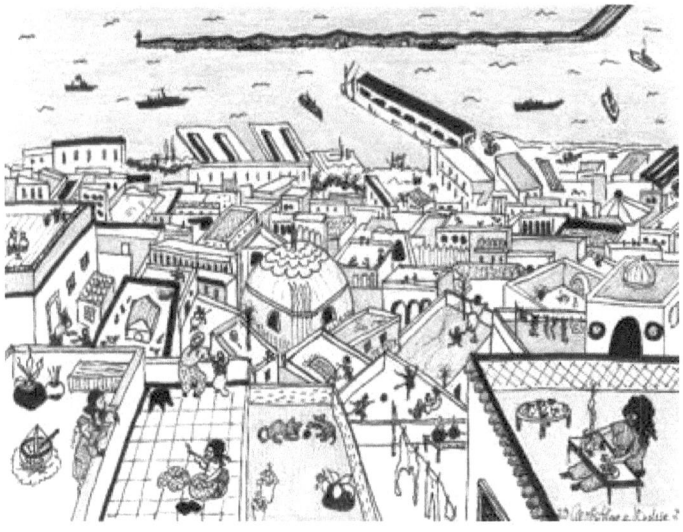

4. Turbulente Jahre

Ein Jahr später floh ich aus Algier mit Hilfe des Konsul-Ehepaars. Eifersucht, gepaart mit Jähzorn, ließen mir damals keine andere Wahl. Vierzig Jahre später fand ich Sami in Frankreich, inzwischen ein ruhiger und zufriedener Familienvater, durch das Internet wieder. Es begann eine innige Freundschaft mit ihm, sowie mit seiner algerischen Frau, die von Anfang an alles über mich erfahren hatte und ebenfalls Schneiderin ist. Bei Besuchen in Nîmes, wo sie jetzt mit ihren Kindern leben, verwöhnen sie mich mit meinen algerischen Lieblingsspeisen.

Unterdessen trat mein erster Mann Klaus, ein verwegener Rugby-Spieler aus Hamburg, in mein Leben. Er war ein Frauenschwarm, der allerdings lange um mich kämpfen musste, bis wir ein Paar wurden und ich wieder vertrauen konnte. Sieben Jahre später heirateten wir.

Inzwischen arbeitete ich im Ein- und Verkauf in verschiedenen Boutiquen in Braunschweig, Goslar und Hannover und wurde dabei mehrfach zur Geschäftsleiterin ernannt. Bald fand ich, dass andere genug durch mich verdient hatten, und so wurde die Selbständigkeit mein größter Wunsch und angestrebtes Ziel.

Da wir kaum Finanzmittel hatten und keinen Bankkredit zum Gründen einer Boutique bekamen, nahm ich ein Jahr lang jeden Nebenjob an und sparte jeden Pfennig. Mein Mann fand eine gute Anstellung - eine Sicherheit, falls etwas schiefging.

Dann endlich, mit sechsundzwanzig Jahren, eröffnete ich, mit Hilfe von Freunden beim Ladenbau, einem privaten *Möbelkredit* und mit viel Werbung, die *„Boutique Papillon"*.

Klaus war Möbeltischler, und mit einigen Antiquitäten hatten wir ein Schmuckstück daraus gemacht. Es war Anfang März.

Vera, Dekorateurin und gute Freundin seit Angestelltenzeiten, schmückte gerade die Fenster mit Frühlingsutensilien, als ein Schneesturm losbrach, der den Laden zuschüttete.

Trotzdem kamen viele Kundinnen, es gab Sekt und Häppchen, und am Abend war die gesamte Ware fast ausverkauft. Das *„Papillon"* wurde über Nacht ein Riesenerfolg.

Damals gab es noch Marktlücken ohne Ende und kaum Konkurrenz!

Unsere Hochzeitsreise ging nach Paris, Urlaube nach Ibiza, Jamaika und Marokko. Wir verbrachten mit unseren Freunden jedes Jahr Ostern in Holland und Skiurlaube in den Dolomiten, wo mich unsere Männer *schwarze Abfahrten* herunterlotsten - die *Langkofelscharte* inbegriffen. Heute ist sie wegen der Gefährlichkeit für Skifahrer gesperrt. Es gab bereits einige Tote.

Als mir eine Frau zwei Jahre später sehr viel Geld für mein Geschäft bot, verkaufte ich es. Mein Mann und ich eröffneten das Restaurant *„Anno"* im selben Vorort von Hannover in einem alten Fachwerkhaus, ein langgehegter Traum.

„Gott segne deinen Eingang, wenn du Geld hast und deinen Ausgang, wenn du gezahlt hast", prangte in goldenen Lettern in Plattdeutsch im Balken über der Tür.

Da wir durch die Boutique und durch unsere Mitgliedschaft im Tennis- und Schützenverein jedermann kannten und wir beide Tag und Nacht anwesend waren, lief es von der ersten Minute an wie geschmiert.

Wir erwarben einen Atrium-Bungalow, den wir allerdings wenig genießen konnten, da sich alles nur noch um die Arbeit drehte.

Dabei ging auch unsere Liebe verloren.

Trotz Scheidung blieben Klaus und ich beste Freunde - bis heute.

Ich eröffnete das *„Katzenparadies"* in Hannover und machte Bodybuilding, um Katzenstreu und Futterpaletten nach Ladenschluss ausliefern zu können. Mein nun Ex-Mann führte das *„Anno"* weiter.

Für eine Weile genoss ich meine neue Freiheit, Liebesabenteuer und das Vergnügen, tanzen und feiern zu gehen. Aber das ewig Gleiche nervte mich bald. Das konnte noch nicht alles gewesen sein!

Nachdem mein einziger Konkurrent mir den Katzenladen abgekauft hatte, beschloss ich, so lange in den USA umher zu reisen, bis das Geld alle war.

Zuvor verkaufte oder verschenkte ich meine Habseligkeiten, baute den *Toyota Landcruiser* um, der bis dahin als Lieferwagen und für Wochenend-Geländetouren mit meinen Freunden Thomas und Micha gedient hatte. Nun konnte ich darin schlafen und Campingzubehör verstauen.

Ich begleitete meine Freundes-Clique auf dem Weg in den Skiurlaub bis München. Mit dem brennenden Verlangen loszuziehen, ging's allein weiter. Ich inspizierte Freiburg, wo ich mal „alt werden" wollte. Dann kutschierte ich zum Schlittenhunde-Rennen nach *Todtmoos* im Schwarzwald. Anschließend durch die Schweiz und danach zu äußerst abgelegenen Orten in Frankreich, die mich schon immer neugierig gemacht hatten.

Alte Erinnerungen zogen mich weiter nach Spanien, nach *Vendrell* an der *Costa Dorada*, zum Sommercamp meiner Jugend.

Bei meinen Eltern, die sich im Süden bei *Marbella* niedergelassen hatten, blieb ich ein paar Tage. Danach verschiffte ich meinen Wagen von *Lissabon* nach *New York City*.

Da der Frachter keine Passagiere befördern durfte, nahm ich den Flieger mit allen Dingen, die ich in zwei Seesäcken mitschleppen konnte. Denn alles, was nicht niet- und nagelfest war, würde auf dem Schiffstransport „abhanden" kommen, hatte man mich zuvor gewarnt.

Mein damals 31-jähriger Teddy, unzählige Male von meinem Vater repariert, nunmehr neu mit Western-Outfit und mit Platzpatronen-Pistole ausgestattet, musste natürlich auch mit.

Er ist bis heute mein liebster Wegbegleiter – meckert nicht, brummt nur manchmal'n bisschen.

5. Die Alleinreisende

Niemals in meinem Leben fühlte ich mich einsam. Schon als Kind war ich nur allzu gern allein zuhause. Ich kann mich selber hervorragend amüsieren und unterhalten und bin mir selbst mein bester Freund.

An unscheinbaren Dingen erfreue ich mich, wie das vorsichtige Lächeln eines fremden Menschen, glitzerndes Kopfsteinpflaster im Regen, der Duft feuchter Erde, das Rascheln der Espen-Blätter im Wind, Vogelgezwitscher am frühen Morgen und die ersten glänzenden Kastanien. Die aufsteigende Wärme der Morgensonne genieße ich ebenso, wie die beißende Kälte des Winters.

Meine Gedankenwelt ist mein Zufluchtsort und mein Lieblingsplatz. Sie ist fantasievoll, bunt und frei.

Es gab trotz allem zahlreiche Strecken, auf denen ich ein Leben zu zweit genoss und Erlebnisse und meinen Alltag teilen wollte. Aber immer wieder stehe ich vor dem selben Zwiespalt: Zweisamkeit und Zugeständnisse, oder Freiheit und Selbstbestimmung ohne Planung oder zeitliche Verpflichtungen.

Trotzdem hatten liebevolle Verbindungen zu anderen Menschen den größten Einfluss auf das Glück meines gelungenen Lebens.

Spannende, geheimnisvolle Dinge geschehen immer dort, wo man sich nicht auskennt und wenn man sie nicht erwartet. Ich möchte nicht zurückgehalten werden, wenn meine Neugier mich spontan auf neue Pfade schickt. Ich möchte mich überraschen lassen.

Dabei bin ich keinesfalls angstfrei und gehe oft auf *Nummer Sicher*: Pfefferspray, Alarm am Auto und in der Tasche, sowie

ein *Kubotan,* ein Selbstverteidigungs-Stick, sind meine Begleiter. Das Taschenmesser meines Vaters ist immer dabei, jedoch
wohl eher als Talisman, denn als eine Waffe. *Survival*-Bücher
von *Rüdiger Nehberg* habe ich eingehend studiert. Obendrein
habe ich im Selbstverteidigungskurs mir ein paar Schläge auf
Eier, Kehlkopf und Augen antrainiert.

An Revolver habe ich mich in den USA allerdings nie gewöh-
nen können, obwohl beim *Housesitting* und in den Handta-
schen meiner Freundinnen stets welche vorhanden waren.

Ich reise ungeschminkt, unauffällig gekleidet und geräusch-
los, d.h. ohne raschelnde Kleidung und klappernde Schuhe.
Mein Gehör ist fein und in alle Richtungen ausgerichtet. Ich
parke stets so, dass ich im Nu startklar sein kann, wenn erfor-
derlich: *immer auf dem Sprung.* Darum bezahle ich auch heute
noch sofort und sitze im Kino immer auf dem Platz am Gang.

Als Frau, die alleine fremde Länder bereist, sind Leichtigkeit,
Begeisterung und ein gleichzeitiges Gefühl der Bedrohung
kein Widerspruch. Vor allem nachts! Diese Angewohnheiten
gehören zu einer Alleinreisenden, und ich nenne es augen-
zwinkernd: *Charakter eines Straßenköters.*

Alles was ich wissen muss, hat mich das Reisen gelehrt.

Ich will Abwechslung statt Routine, fremde Länder und
Menschen kennenlernen, ungewöhnliche Dinge erfahren,
Liebe spüren, mich verändern und gespannt bleiben auf jeden
Tag, der neue Überraschungen bereithalten kann.

Es gibt Gerüche, die ich in mir aufbewahren will, um Gefühle
zurück zu bringen und Musik, die Erinnerungen an Zeiten,
Orte und bestimmte Personen weckt. Ich möchte alles aus
meinem Leben herausholen, Abenteuer erleben, Grenzen erfahren, gute Erinnerungen bei anderen hinterlassen und mit
Vorfreude auf das Ungewisse nach vorne schauen.

Reisen veredeln den Geist und räumt mit unseren Vorurteilen auf.
Oscar Wilde

„Wäre das Reisen kostenlos, würdet ihr mich nie wieder sehen!"

6. New York City

„What do you want here without money? Work?". Die Männer am Zoll konnten nicht glauben, dass eine junge Frau ein Jahr lang allein durch die USA reisen, aber **nicht** arbeiten wollte. Es war im Frühjahr 1983. Da ich nur mit meiner Kreditkarte ausgestattet war, wie es damals empfohlen wurde, durchwühlten die Zollbeamten stundenlang alles nach Dokumenten, die Arbeitsabsichten bewiesen. Mein Pfefferspray - in NYC eine Waffe!!! - wurde mir abgenommen, mir jedoch heimlich beim Verlassen des Airports von einem Zöllner wieder zugesteckt. Ein paar Tage später musste ich, *„The Kraut"* (von: Sauerkraut), bei der Einwanderungsbehörde belegen, dass ich genug Geld auf der Bank hatte. Danach bekam ich ein Visum für drei Monate. Ich hatte tierische Angst gekriegt, dass sie mich ausweisen würden und sie dann meinen Wagen, wenn er mit dem Schiff eingetrudelt war, einkassiert hätten.

  Inzwischen war es Nacht, und ich hatte die damals gefährliche U-Bahn-Fahrt vermeiden wollen. Doch ich kam heile in NYC an. Es war laut, es wimmelte vor Menschen, es stank, und es gab andauerndes Sirengeheul, das ich bis dahin nur von Krimis aus dem TV kannte. Kein Taxi wollte anhalten, um mich und meine vollgepackten Seesäcke zum YWCA (Unterkunft **nur** für Frauen) zu bringen. Ich kannte niemanden in NYC und fand es alles ziemlich beängstigend.

  Coffeeshops mit knusprigen *Bacon'n Eggs* und *Pancakes* wurden mein täglicher Antrieb, hinaus in den Trubel zu ziehen. Mein Lieblingslokal war das schwarz-weiß gehaltene *„AUTOMAT"* mit viel Chrom und glänzenden Marmorböden. Hier konnte man günstig aus hunderten spiegelnder Fächer delikate Speisen auswählen. Gezahlt wurde nur mit *Nickel*, die man an einer Bude am Eingang bei einer Kassiererin *(the* *nickel thrower*) eintauschen musste. Es herrschte reger Betrieb. Gäste aßen an blitzblanken Tischen, und Fremde plauderten endlos lange miteinander.

Im *Central Park* studierte ich die kunstvollen Darbietungen der Paartänzer und Rollschuhläufer. Dampfende Gullys, Hotdog-Stände, Straßenkünstler und Hütchenspieler waren an jeder Ecke zu finden.

Beobachten war und ist immer noch besser als Kino.

Die *St.-Patricks-Parade* zog durch die Stadt, alles war in Grün gekleidet, und jeder, der vorgab irisch zu sein, küsste mich einfach.

Ein paar New Yorker wurden aufdringlich, als sie mitbekamen, dass ich alleine in NYC war. Einer lockte mich sogar mit einem Pelzmantel, den er mir schenken wollte. Ich musste hier ja auf meinen Wagen warten, und so hing ich weiterhin im *Big Apple* rum.

Versehentlich landete ich eines Tages mit dem Bus mitten in *Harlem* - damals noch ein sehr gefährliches Gangster-Viertel, ausschließlich von Schwarzen bewohnt. An jeder Ecke hockten Kerle zusammen, und es dauerte lange, bis ich, ganz schön bange, letztlich doch zurückfand.

In einem *Pastrami-Shop* alberte neben mir *George Clooney* mit Freunden herum. Er war zu jener Zeit noch ein *Newcomer* im TV.

Auf der Fähre tuckerte ich mit zwanzig Japanern nach *Liberty Island*. Vor der Freiheitsstatur wollte einer von ihnen ein Foto mit mir im Arm machen. Bald kam einer nach dem anderen und wollte dasselbe…

Wie doof war das denn?

Eines nachts verirrte ich mich in die Disco *„Limelight"*, einer umgebauten Kirche, in der gerade Schwulen-Nacht war.

Das wusste ich aber nicht, denn der *Bounzer* hatte lediglich kontrolliert, ob ich schon achtzehn war. Drinnen tanzten halbnackte, schweißgebadete Männerkörper, dicht an dicht. *Go-Go-Men* baumelten in Käfigen, Disco-Boxen dröhnten. An sämtlichen Wänden hingen schwarz-weiße Aktfotografien von *Robert Mapplethorpe*. Sie zeigten wunderschöne Körper, brillant und zugleich ganz schön heftig!

Aus dem zweiwöchigen Warten auf mein Auto sollten plötzlich sechs Wochen werden, denn der Kahn war auf hoher See liegengeblieben. Ich hatte bereits alles von Interesse angesehen und jede Nebenstraße zu Fuß abgeklappert. Immer mit dem Walkman und *KISS FM* im Ohr.

Ich fand inzwischen aber auch alles sehr teuer und wollte einfach nur noch weg!

Twin
Towers

Liberty

„THE AUTOMAT":

„Die Belegung von mehr als
274 Personen ist gefährlich
und gesetzeswidrig"

St. Patrick's Parade

TRUMP TOWER

7. Greyhound

Mein Gepäck in der Busstation verwahrt, kaufte ich ein Monatsticket für den *Greyhound*, mit dem ich kreuz und quer durch die USA sausen und Unterbrechungen einlegen konnte, wo ich wollte. Strecken wählte ich mit ca. acht Stunden Fahrzeit aus, wobei ich oft nachts im Bus schlief, auf zwei Sitzen zusammengerollt wie eine Katze. Ab und zu nahm ich mir ein Motel-Zimmer, um mich auszustrecken und ein schönes heißes Bad zu nehmen. Tagsüber machte ich Besichtigungen.

Bei vielen meiner Stopps in 38 Staaten und Kanada gab es wenig Sehenswertes. Jeder Ort, an dem schon *JEMALS* jemand (um)gefallen war, wurde als *Historic Marker* deklariert. Anderseits hatte ich bemerkenswerte Begegnungen mit Mitreisenden, oder faszinierende Landschaften taten sich vor mir auf.

Ich bestaunte die *Niagara-Fälle*, blickte auf Chicago vom 442 m hohen *Sears Tower* herab, genoss im Drehrestaurant der *Space Needle* in Seattle den überwältigen Ausblick auf den *Mount St. Helen*, der schneebedeckt noch immer Dampf und Asche nach dem riesigen Vulkanausbruch 1980 ausspie.

In New Orleans traf ich auf Schweizer, mit denen ich ein Zimmer teilte, sauscharfe *Cajun*-Gerichte kostete und Jazz-Spelunken abklapperte.

Rumsitzen und Leute beobachten, war jedoch zu meiner Leidenschaft geworden: kleine schwarze Mädchen mit kunterbunten Haarspangen an unzähligen Zöpfchen hüpften, gekleidet in Schuluniformen, vorbei, und beängstigend massige Menschen, saßen im Park und schaufelten Mega-Imbisse rein.

Ein strubbeliger Typ, auf dessen T-Shirt "Mañana – I'm on mexican time" stand, grinste mich mit braunen Zähnen an. Ein identisch-gekleidetes Männerpärchen mit schneeweißen Lackschühchen marschierte im Gleichschritt. Einer war lang und dürr, der andere massig mit quadratischem Kopf. Zwei Pagen hechteten mit schweren Koffern einer lila-gelockten Dame hinterher. Ein zahnloser Schwarzer, sein gutmütiges Gesicht mit unzähligen Warzen übersät, gab mir mit Waschbrett und einer tollen Bluesstimme ein Ständchen. *„Homeland Security – wir bekämpfen Terrorismus seit 1492"* stand auf dem Shirt einer rassigen Ureinwohnerin. Ein Vielklang von Stimmen in unterschiedlichen Sprachen war zu hören, und von überall schwebten Düfte exotisch-gewürzter Speisen heran.

Bei Reno machte unser Greyhound-Bus bei Nacht Halt an einer kleinen, unbemannten Busstation, die wie überall Toiletten und vollgepackte Snack- und Getränkeautomaten beherbergte. Ich hatte wohl nicht genau verstanden, wann wir weiterfahren würden, denn als ich aus dem Häuschen trat, sah ich nur noch die Rücklichter meines Busses im Dunkel verschwinden. Verzweifelt schreiend raste ich hinterher. Meine Sachen waren ja noch in dem Gefährt. Es war keine Menschenseele mehr zugegen. Die Station, mit einer spärlichen Funzel ausgestattet, lag weit entfernt von der Spielerstadt, die damals bloß ein kleines Kaff war. Ringsherum schwarzer Wald. Nach einer elend-langen Weile tauchten plötzlich Busscheinwerfer auf. Die nette Frau vom Sitz gegenüber hatte den Fahrer darauf aufmerksam gemacht, dass ich wohl nicht mitgekommen war.

UFF – wieder mal Glück gehabt!

Tumbleweed kullerte im Wind auf dem Highway mit Pappbechern und Plastikverpackungen um die Wette.

Unbeachtete Schilder drohten mit hohen Strafen fürs Wegwerfen von Müll aus Autos.

Aus dem Greyhound-Fenster beobachtete ich, wie an Straßenrändern Gruppen von Gefangenen in orangefarbenen Overalls Abfälle aufsammelten.

Wir rollten an endlosen, in der Hitze flimmernden Weiden, an Ölpumpen, Windkrafträdern und unzähligen *Longhorn*-Rindern vorbei. Kinder rannten am Morgen zur Hauptstraße, wo sie ein gelber Schulbus abholte. Und ich lernte, *Kentucky Fried Chicken* zu lieben.

Einige Mitreisende gaben mir ihre Visitenkarten und luden mich ein, um später, als ich wirklich mal bei ihnen auftauchte, völlig entgeistert zu gucken.

Ein Japaner glaubte, nur, weil er neben mir saß, einen Besitzanspruch auf mich zu haben. Ich musste nach ein paar Stopps regelrecht fliehen und mich verstecken, um diesen Klammeraffen loszuwerden.

Für lange Zeit sprach ich deshalb mit niemandem mehr ein Wort.

Eine mexikanische Fiesta lockte mich aus dem Bus. Bei *Tacos* und Wassermelonensaft sah ich bunt gekleideten *Señoritas* beim Tanzen zu, begleitet von einer hinreißenden *Mariachi-Band*. Es war eine Super-Stimmung, die ich genoss, bis mein letzter Bus losfuhr.

Ich lernte: Alkohol darf in der Öffentlichkeit nur getrunken werden, wenn die Dose oder die Flasche in einer Papiertüte steckt.

Am *Grand Cañon* machte ich mir einen Jux daraus, nach „Jerry" zu rufen. Immer wieder waren mir an Männern diese riesigen Gürtelschnallen aufgefallen, in die ihr Name eingraviert war. Also ließ ich diesmal *Jerry* eine Strecke weitermarschieren, um ihm laut und deutlich seinen Namen hinterher zu rufen. Natürlich drehte ich mich dann weg. Jerry suchte und suchte. Als er weiterging, rief ich wieder nach ihm.

Albern? Vielleicht! Ich amüsierte mich jedenfalls.

Auf dem Busbahnhof in Denver gabelte mich ein Mann auf. Im Anzug, gepflegt, sanft und höflich – Typ Traumschwiegersohn. Ich weiß nicht, was mich geritten hat, aber ich stieg nach einem längeren Gespräch zu ihm ins Auto.

Wir fuhren zum 60 km entfernten *Nederland*, zu einer Ranch mitten im Wald. Fröhliche junge Männer und Frauen vergnügten sich dort gerade bei Ballspielen und nahmen mich sofort in ihrer Mitte auf. Wir verrichteten alle Aufgaben im Haushalt gemeinsam. Männer und Frauen wohnten jedoch in getrennten Quartieren. Alle gingen liebevoll miteinander um. Abends wurden Religionsstunden abgehalten, von denen ich nur die Hälfte verstand. Nach ein paar Tagen stand mein Geburtstag an. Man überraschte mich mit Blumen, Briefen und kleinen gebastelten Aufmerksamkeiten. Ich war *geflasht* und brach vor Rührung in Tränen aus. Nun merkte ich, dass ich weichgekocht worden war - mit Zuneigung und Fürsorglichkeit, die mir seit langem gefehlt hatten.

Als ich dann zufällig mithören konnte, als es Zoff um nicht genügend erbettelte Spenden gab, ging mir ein Licht auf:

Ich war in einer Sekte gelandet.

Zuvor auf der Busstation hatte ich meinem neuen Bekannten vorgegaukelt, dass ich in einer Woche mit meinem Freund verabredet sei, und der mich suchen lassen würde, wenn ich nicht pünktlich zur Stelle war. So fuhr er mich rechtzeitig nach Denver zurück, und ich schwindelte ihm fest und überzeugend vor, zwei Wochen später wieder zurückzukommen.

Evtl. hatte ich zu viel von dem ekeligen Chemiegeruch der Bustoiletten geschnüffelt. Das würde erklären, wieso ich mich einfach so in die Hände eines Wildfremden begeben hatte und mitgefahren war...

8. Go West

Meine Welt war wie neu erwacht, denn endlich war mein geliebter *Landcruiser* da. Und wie erwartet, war alles, was nicht niet- und nagelfest war, ausgebaut und geklaut worden, inklusive Radio!

Auf der Suche nach Freiheit führte der Weg schon immer nach Westen! Und meiner nun auch.

Ich machte mich sofort auf die Räder. Tag und Nacht flitzte ich bis Florida, um mich endlich unter Palmen auszustrecken. Meeresbrise statt Greyhound-Chemie. *Funky Motels* mit Dusche, statt Bus-Kojen. Cruisen auf dem Strand von *Daytona* und Alligatoren füttern auf dem Campingplatz in den *Everglades*. Dort rauchte ich meinen ersten (und letzten) Joint mit neuen Bekannten am Lagerfeuer, bei *Hot Dogs* und gerösteten *Marshmellows*.

Danach rein ins Vergnügen, in die quietsche-bunte *Disney World*. Ein Flug nach *Key West* folgte, in einer Cessna mit vollgekifftem Piloten im Hawaii-Hemd. *Hemingways* Haus, belagert von einer Horde Katzen, *Seaworld*, Windhunde-Rennen, *Cape Canaveral*, der heiße *Beachboy Dan* in *Sarasota* und Open-Air-Konzerte. Schneeweiße Strände am *Panama Beach*, Pelikane, die kopfüber ins Wasser knallten, tanzende Delphine und blutrote Sonnenuntergänge am Golf von Mexiko. Ein Traum!

Meeresfrüchte in allen Variationen, aber auch flirrend-feuchte Hitze und Moskitos, groß wie Drohnen.

Nach diesen erlebnisreichen Tagen, zog ich überglücklich weiter Richtung L.A., um meine Freundin Vera vom Flughafen abzuholen. Wir hatten doch geplant, zusammen Mexiko zu erobern.

In allen Staaten gibt es *KOAs (Kampgrounds of America),* jeweils in schönster Natur gelegen. Ich hatte ja den Wagen nicht umsonst umgemodelt, sodass man sogar zu zweit bequem darin schlafen konnte. Die Rücksitze waren entfernt, dafür eine gepolsterte Liegefläche auf die Radkästen gebaut. Darunter kam das Campingzubehör, Abschleppseil und Werkzeuge für Reparaturen. Gardinen wurden am Abend ringsherum an Haken aufgehängt. All diese Dinge hatte ich Gott sei Dank in den Seesäcken gerettet.

Auf jedem *KOA* gab es einen *MS-PAC-MAN*-Automaten. Da ich schon immer gern geflippert hatte, war meine Aufgabe vor dem Schlafengehen: den *Highscore* am jeweiligen Apparat zu knacken! Dabei habe ich so manchen *Quarter* verjubelt und wurde von vielen Mitspielern bestaunt.

Um Geld zu sparen, übernachtete ich allerdings hin und wieder auf Parkplätzen von *Fastfood*-Restaurants oder *Superstores,* die 24 Stunden geöffnet hatten. Wenn ich am Morgen meine Hintertüren aufschlug, schien mir meist die Sonne entgegen und verscheuchte die Geräusche und Ängste der Nacht. Nun begann mein Tag mit Katzenwäsche im Gäste-WC, danach mit einem leckerem *Breakfast* und *Fill-Ups* von dünner, amerikanischer Kaffee-Plörre. Dazu die Gesellschaft anderer Camper-Nomaden oder Trucker. Das war sehr unterhaltsam, und ich bekam dabei zusätzlich wertvolle Reisetipps.

Ein Besuch in Memphis an *Elvis Aaron Presleys* Grab, der fünf Jahre zuvor verstorben war, natürlich ein MUSS! *Graceland* wurde zum Wallfahrtsort für diejenigen, die Leid, Liebe und Treueschwüre auf Papierschnipseln kundtun wollten, um diese dann in die Ritzen der Grundstücksmauern hinein zu quetsche n.

Ich bretterte weiter auf der *Route 66* durch Texas.

Bei einem kleinen Rodeo machte ich einen Zwischenstopp und studierte zitternde Cowboys in hochhackigen Stiefeln, denen die Farbe bei ihren gefährlichen Auftritten aus dem Gesicht entwichen war.

Hinter *Amarillo* machte ich an der *Cadillac-Ranch* Halt, um die zahlreichen unterschiedlichen Modelle zu inspizieren, alle mit dem Bug in die Erde gepflanzt. Sie waren mit Graffiti überzogen und stellten ein Symbol ganz nach meinem Geschmack dar:

„Die große Flucht, die Freiheit der Wahl und die Möglichkeit, einfach abzuhauen".

Als dann die ersten *Yuccas* am Wegesrand blühten und *Roadrunner* vor mir über die Straße flitzten, wusste ich: *New Mexico, „the Land of Enchantement",* das Land der Verzauberung, konnte nicht weit sein.

9. The „*right*" Turn

Eigentlich hätte ich meinen *Landcruiser*, mit dem ich monatelang allein durch die USA ziehen wollte, geradewegs von Florida nach L.A. kutschieren müssen, um meine Freundin Vera vom Flughafen abzuholen. Drei Wochen Mexiko waren zusammen geplant.

Kurz hinter der Grenze *Texas/New Mexico* aber, auf der *Route 66* bei *Tucumcari*, bog ich plötzlich aufs Geratewohl nach rechts ab. Ich rollte Meile um Meile wie fremdgesteuert weiter auf autoleerer Straße Richtung Norden. Dabei beobachtete ich den Rand der *Mesa,* in Erwartung einer herangaloppierenden Indianerhorde.

Mann, das sah hier aus, wie im Fernsehen!

Ich durchfuhr das kleine Kaff *Las Vegas*, das im spanischen Kolonialstil erbaut worden war und kurvte durch die Ausläufer der *Rockies*.

Nie zuvor hatte ich irgendetwas über diese Gegend gelesen.

Es kommt bei mir des Öfteren vor, dass ich ungeplant und unvermittelt im Leben eine andere Richtung einschlage. Deshalb bin und reise ich am liebsten allein, denn nur auf mich gestellt, kann ich spontan handeln. Zugleich genieße ich es, überall fremd zu sein.

Letztendlich landete ich in *Taos*, einem Ort, der so gar nichts mit den restlichen Staaten der USA gemein hat: überall standen hier flache *Adobe-Häuser,* Gebäude aus Lehmziegeln mit herausragenden Dachbalken und türkisfarbenen Türen und Fenstern. Manche waren auch lila oder blau angestrichen. Die Straßen waren unbefestigt. Der aufgewirbelte rote Staub verschmolz mit dem Sonnenlicht. Frauen zogen mit wehenden Haaren und in langen bunten Kleidern am Seitenrand entlang. Uralte, tiefgelegte Straßenkreuzer, sogenannte *Lowrider*, und Motorräder, auf denen Männer mit roten *Bandañas* saßen, röhrten vorbei. Ihre Augen waren hinter rabenschwarzen Sonnenbrillen versteckt.

Der Verkehr stoppte, wenn sich Bekannte auf entgegengesetzten Fahrbahnen begegneten und eine Weile miteinander sprachen.

Niemand regte sich auf, selbst wenn ihr Plausch länger dauerte. Es war eine total andere Welt, fast wie eine irreale Film-Kulisse.

Die Uhren gingen hier langsamer und irgendwie anders.

Inzwischen hatte ich unterwegs etwas über diese Region gelesen. Ich fragte eine junge Frau, die ich am Wegesrand entdeckt hatte, nach dem Weg zum *Taos Pueblo*, dem tausend Jahre alten Lehm-Dorf der Ureinwohner. *Darlene*, eine Einheimische, hopste sofort fröhlich in den Wagen und los ging's. Ich glaubte, sie hatte auf eine Gelegenheit gewartet, aus ihrer Langeweile auszubrechen. Sie trug einen Zopf bis zur Kniekehle, hatte niedliche Grübchen und plapperte sogleich drauflos.

Eine lange Straße führte nach Norden, geradewegs auf die noch leicht mit Schnee gepuderten *Sangre de Cristo Mountains* zu, vor denen sich das Pueblo befand. Vor den Pueblo-Mauern lag linkerhand der alte Friedhof mit morschen Holzkreuzen und Plastikblumen. Ein durch die Witterung zerschmolzener Glockenturm war noch zu erkennen. Diese ursprüngliche Kirche war bei der *Pueblo-Revolte 1680* zerschossen worden, wie Darlene mir erklärte.

Wow! Einen Augenblick später lag diese mehrstöckige Indianerburg direkt vor uns, wunderschön in ihrer Einfachheit. Rauchsäulen stiegen aus mehreren Dächern auf. Rustikale Leitern führten von Stockwerk zu Stockwerk, denn früher gab es keine Fenster und Türen. Um sich vor Angriffen zu schützen, befanden sich die Eingänge in den Dächern, und man zog dann einfach die Leitern herauf.

Kugelrunde riesige Lehmklöße hockten vor den Gebäuden.

„Das sind *Hornos*. Öfen, in denen wir unser Brot und Kuchen backen."

Darlene zeigte sich als begeisterte Fremdenführerin in dem ältesten Dorf der USA.

Auf dem festgestampften Lehmboden rollten ein paar Touristenautos heran. Struppige Hunde humpelten hinter uns her. Ein betagter Bewohner, sein Gesicht wie eine Landschaft mit tiefen Furchen durchzogen, kauerte, in eine hellblaue Decke gehüllt, auf den Stufen vor seinem Haus.

Wohlgeruch von Kaminfeuern aus Pinienholz schwebte in der Luft. Langsam wunderten wir herum, unter hölzernen Unterständen hindurch, auf denen früher Felle getrocknet und Holz gelagert worden war. Dann über einen breiten Holzbalken, der über dem Fluss lag und eine Seite des Pueblos mit der anderen verband.

Wir befanden uns auf einer Höhe von 1400 m, und ich hatte bereits bemerkt, dass mir etwas *dizzy* von der dünnen Luft wurde.

„Das Pueblo besteht aus der Nord- und Südseite, durch den *Rio Pueblo* geteilt, und jede Seite besitzt eine *Kiva*. In den unterirdischen Zeremonien-Plätzen werden religiöse Riten abgehalten, sind jedoch für Fremde unzugänglich", erklärte mir Darlene.

Dafür gab es die *St. Geronimo*-Kirche, eine katholische Kapelle mitten im Pueblo. Die durften wir betreten. Sie war eingezäunt mit einem Adobe-Mäuerchen, in dem sich ein Eingangstor befand.

Durch kleine bunte Glasfenster strahlte das Sonnenlicht. Ein winziges eisernes Öfchen glimmerte vor sich hin und gab eine wohlige Wärme ab. Hinter dem Altar befand sich die Jungfrau Maria, für die *Tiwa* – so nennen sich die Bewohner – ein Symbol für die Mutter Erde. Zu jeder Jahreszeit wird sie in eine andere Farbe gekleidet. Ich vernahm plötzlich den zarten Klang einer spanischen Gitarre, der von der hölzernen Empore kam.

Das traf mich tief ins Herz, und ich versuchte, nicht los zu flennen. Was hatte ich doch für ein Glück, dieses alles erleben zu dürfen!

Darlene sah mich grinsend an: *"Chris, you took the RIGHT TURN!"* Das glaubte ich ab diesem Moment auch. Ich hatte ihr davon erzählt, wie ich nach *Tucumcari* eine *RECHTE*, jedoch unwissentlich somit die *RICHTIGE* Abbiegung genommen!

Taos, New Mexico sollte für dreizehn Jahre mein Zuhause werden.

10. TAOS

Nun wurde es aber Zeit, etwas in den Magen zu bekommen. Ich lud Darlene zu *„Michaels Kitchen"* ein, dessen Schild direkt an der Hauptstraße nicht zu übersehen gewesen war. Es gab einen großen Gastraum voll von Touristen, Spaniern, Hippies und Indianern. Es war quirlig, laut und bunt. Die Luft war warm und erfüllt vom Lachen, und es duftete nach Frischgebackenem. Toby, der spanische Kellner, leitete uns zu einer *Bude*, von der aus wir alles beobachten konnten. Mehrmals wurden wir in *Tiwa* von Darlenes Bekannten begrüßt.

Ungefragt pladderte uns ein *busboy* Eiswasser in rote Plastikbecher, ebenso ein *„refill"* des dünnen Kaffees in die schweren Tassen. Männer trugen Blümchenhemden mit bunten Bändern verziert, dazu Cowboyhüte und schiefgelaufene Stiefel, Frauen waren vollbehangen mit Silber- und Türkisschmuck, Wände und Ecken dekoriert mit allerlei lokalem Kitsch. Feingemachte Touristen ließen neugierige Blicke durch den rustikalen Wirtsraum schweifen – genau wie ich.

Ich ließ Darlene unser Mahl auswählen, da ich ja sowieso keine Ahnung hatte, was besonders gut schmecken könnte. Sie bestellte *Sopaipillas* mit Honigbutter*, Blueberry Blintzes, Hash Browns* und *Huevos Rancheros* mit rotem und grünem *Chile - „Christmas"* genannt. Vorsichtshalber *„on the side"* - daneben und nicht darüber. Unsere schon ältere Bedienung Margie, völlig überschminkt und mit riesigen Ohrringen, war zuckersüß und herzlich, nannte uns *„Sweety"* und flutschte nur so übers Parkett, wenn wir was brauchten.

Nachdem wir uns die Bäuche vollgeschlagen hatten, machten wir es den Autofahrern draußen nach: wir *cruisten* in unserem *„Jeep"*, wie Darlene den Toyota nannte, die lange Hauptstraße ganz laaaaangsam rauf und runter – offensichtlich der bevorzugte Zeitvertreib der Ortsansässigen. Sehen und gesehen werden!

An den Straßenrändern rasteten Trucks, mit Brennholz beladen, das für den Verkauf bestimmt war. Es herrschten noch frostige Nächte.

Wir waren ausgelassen und drehten die deutschen Musikkassetten im neu erworbenen Radio voll auf.

„Sternenhimmel, ich seh' den Sternenhimmel…". Lauthals sang Darlene den Refrain mit. Dabei lachten wir uns schlapp.

Am südlichen Ortsausgang landeten wir an einem imposanten Adobe-Bau. Die berühmte *St. Francis de Assisi* Kirche war bereits von vielen berühmten Malern und Fotografen, wie *Georgia O'Keefe* und *Ansel Adams*, verewigt worden. Auf der anderen Straßenseite lag das *Cortez*-Kino, das dem Schauspieler *Dennis Hopper* gehörte. In den 60er Jahren hatte er hier den *Easy-Rider-Film* gedreht und besaß seitdem mehrere Häuser in Taos. Hin und wieder war er in einer Kneipe an der Plaza mit seinen Kumpels anzutreffen, und wenn er *high* war, ballerte er auch schon mal wild durch die Gegend.

Bald steuerten wir wieder in die entgegengesetzte Richtung, den *Sangre de Cristo* Bergen entgegen. Schroffe Felseinschnitte ragten heraus. Der Schnee auf den Baumwipfeln leuchtete rosa und pink, dann violett, und ich konnte mir gut vorstellen, warum dieses Licht seit ewiger Zeit immer wieder Künstler angezogen hatte.

Diesmal bogen wir nicht in den Weg zum Pueblo ein, sondern fuhren auf der Hauptstraße weiter. Ich sollte als Nächstes am Straßenrand halten, wo Darlene ein paar Büschel *Sage*, wilden Salbei, pflückte. Sie kokelte die Zweige an und verteilte den Rauch im Innern des Wagens. *„Pah-Ah, Pah-Ah",* sagte sie laut dabei. „Das wird alles Böse auf Deiner Reise vertreiben!" Es klang aufrichtig, und ich glaubte ihr das einfach.

Vorbei ging's an den Büffelweiden des Gouverneurs *Jimmy Morningtalk*, die gegenüber dem Grundstück der Schauspielerin Julia Roberts lagen.

Die Straße schlängelte sich in den *Cañon* hinein, der zum *Alpine Valley* mit Bayerischen Holzhäusern und dem Skigebiet mit dem allerbesten Pulverschnee führte. Skitouristen glitten in ihren Allradwagen auf der nun verschneiten Fahrbahn an uns vorbei. Daneben rauschte der *Rio Hondo*, an dessen Ufern sich Eiskanten gebildet hatten. Kiefern, die an den Felsen steil aufragten, waren von eisigen Schneearmen umklammert.

„Komm doch wieder zurück, Chris! Dann kommen wir nochmal zum Angeln und Campen hierher. Es ist fantastisch, wenn es wärmer ist. *Please come back!*"

Am liebsten wäre ich sofort dageblieben!

Darlene bedrängte mich, bei ihr zu übernachten, da ihre Eltern fort waren. Nur ihr Bruder *Phil* saß mit nasser Mähne am Küchentisch, als wir das Haus betraten. Das schwache Licht einer Kerosin-Funzel ließ seine langen Haare glänzen, die wie ein schwerer, schwarzer Umhang über die Schultern hinunter über den Rücken flossen.

Es duftete herrlich nach Babyseife. Ich erfuhr: es war *Amole*, eine Seife, die aus Pflanzenwurzeln gewonnen wurde.

Wir drei plauderten ein wenig, während wir das Hirschgoulasch, das auf dem Kohleofen gestanden hatte, mit frischgebackenem Brot in uns hinein schaufelten.

Bald gingen wir, ermüdet vom ereignisreichen Tag, zu Bett.

Durfte ich das wirklich alles erleben? Oder war es nur ein Traum?

Am frühen Morgen musste ich dann wirklich eilends los Richtung L.A. Darlene verabschiedete mich, in eine dicke, bunte Wolldecke gehüllt, bei eisiger Kälte im Dunkeln. Fast hätten wir beide losgeheult.

„*Come back, Chris!*"

Damit gab sie mir ein kleines Bündel Sage, das mitsamt einer Feder und einem Pfeifchen, von ihrem Bruder Phil aus einem Stück Elchgeweih geschnitzt, für mich zusammengebunden worden war.

„Reibe die Blättchen und denke an uns bei dem Duft."

Ich hing das Sträußchen an den Spiegel und fuhr, dieses Mal eilig, die leere Hauptstraße hinunter. Wehmütig blickte ich in den Rückspiegel und sah die bereits erhellten Spitzen der Berge verschwinden.

Bald ging es auf kurvenreicher Strecke am *Rio Grande* entlang Richtung *Santa Fé* und *Albuquerque*, zurück auf die *Route 66*.

„Home is where the heart is!" Ich wusste in meinem Herzen: Ich werde bestimmt zurückkommen.

11. Follow me, follow me

Vor einem Haus, aus Brettern zusammengeschustert, saß er, richtete den Colt auf sie und ließ sie keine Sekunde aus seinen himmelblauen Augen. Während er in seinem Schaukelstuhl wippte, schob er seinen staubigen Stetson in den Nacken und grinste Vera an.

Klischee? Na klar! Wir befanden uns ja auch in der Western-kulisse von Old Tucson, bekannt aus alten Filmen wie *„Rio Bravo"* und *„El Dorado"*.

Der Toyota schoss unter meinem Bleifuß dahin, damit ich es noch zeitig zum Airport von L.A. schaffte. Nur zum Tanken, Kaffee trinken und etwas zwischen die Zähne schieben, hielt ich. Oft war ich zwischen Monstertrucks, lang wie Fracht-schiffe, mitgesaust. Alle waren durch Funkgeräte miteinander verbunden. Ich kapierte schnell, dass, wenn sie mir Zeichen gaben zurückzubleiben, uns ein Polizei-Radarwagen entge-genkam.

Streckenweise ratterten rot-gelbe *Santa-Fé-Züge* neben der Fahrbahn her. Ein blonder Schönling, mit nichts als einer Son-nenbrille bekleidet, hatte mich im offenen Cabrio ein paar au-toleere Meilen lang eskortiert und versucht, mich zum Halten zu bewegen. Er gab mir sehr deutliche Zeichen, was er be-zweckte. Doch ich starrte scheinbar unbeirrt geradeaus, bis er abdampfte. Es kam mir wie eine Ewigkeit vor.

Der *Pasadena Freeway* führte mich direkt in ein Wirr-Warr von *Highways*. Der Verkehr tobte mit mörderischer Dichte, doch ich konnte den Flughafen gerade so zeitig erreichen, dass ich Vera, meine Freundin aus Hannover, bei ihrer An-kunft in die Arme nehmen konnte. Wir beschlossen sogleich, durch die Sonora-Wüste in Arizona nach Mexiko zu fahren.

Nach dem Bestaunen der riesigen, breitarmigen *Saguaro-Kakteen*, oft groß wie Totempfähle, landeten wir also hier in dieser alten Westernstadt, und nun bibberte Veras kleines Herz beim Anblick dieses braungebrannten *Outlaws*.

Nach der letzten Vorstellung eines Bankraubes und endlosem Geturtel der Beiden, verabredeten sie sich für den Abend bei *„Fast Eddys"* (Werbung: *„Lousy Food and Warm Beer"*). Wer jedoch nie auftauchte, war Veras Cowboy. Also zogen wir schließlich von dannen.

Der *Desperado* küsste vermutlich bereits die nächste Touristin.

Ein Warnschild gleich hinter der Grenze besagte tatsächlich: *„Waffen sind in Mexiko illegal!"*

Wir brausten über Berge, durch dschungelähnliche Landschaften und Mango-Haine. Wir passierten lebendige kleine Orte mit kunterbunten Märkten und *Murals*, Wandgemälden, die vom Leben der Einwohner erzählten. *Gazebos*, hübsch verzierte Pavillons, standen in jeder Ortsmitte.

Klapprige Lastwagen, beladen mit heimkehrenden Arbeitern, die uns winkten und zujubelten, rasten an uns vorbei und wirbelten Dreck auf. Oder wir hingen im Windschatten stinkender Riesenlaster, die Schweine transportierten. Sie räumten vorn mit ihren Ochsengittern alles von der schlaglochreichen Straße, was nicht „bei drei" von der Fahrbahn verschwunden war.

Man nannte uns, wo wir auch hinkamen, *„Las Hermanas Alemaas"*, die deutschen Schwestern. Frauen in farbenfrohen Kleidern und mit dicken schwarzen Zöpfen strahlten mit der Sonne um die Wette, wenn sie uns sahen. Kaum inspizierten wir unsere Straßenkarte, waren charmante junge Männer zugegen, die voller Stolz ein *„Follow me!"* verlauten ließen.

Und schon sausten sie mit Moped oder VW-Käfer vorneweg. Oft bekamen wir völlig andere Dinge zu sehen, als wir geplant hatten: Azteken-Pyramiden verborgen in Agavenfeldern, Wallfahrtskirchen, Schmetterlingsboote, versteckte Märkte oder *Bob Dylan's* Haus auf *Yelapa*. Wir schleckten *Chile-Mangos* am Stil, aßen *Tortillas* mit *Puter und Mole*, lutschten geschabtes Eis in allen Farben, oder *Chupa-Chups*. Wir kosteten Margaritas und Krevetten mit Avocados am Meer und Tequila mit eingelegten Kakerlaken in den Bars von *Puerto Vallarta*.

Ich schloss Freundschaft mit einem Leguan, und ein Schwein jagte hinter mir her, um dann meinen Strohhut zu fressen.

Mexikaner waren unaufdringlich, warmherzig und beschenkten uns überall mit ihrem herzlichsten Lachen. Stolz schleuderten ein paar *Muchachos* uns allein in ihrem ächzenden Uralt-Riesenrad in Endlosschleife im Kreis herum, sodass ich dem lieben Gott so einiges versprach, wenn er mich nur heile wieder herunterholte.

Unten feixten und klatschten die Kinder.

Dreimal schwebten wir in höchster Gefahr: in einer Herberge, in der wir spät nachts ankamen und uns das Geld förmlich aus der Hand gerissen wurde. Dort standen wir kurz vor einem Überfall. In einer Kleinstadt entkamen wir knapp einer Entführung durch eine Jugendbande und an einer „Grenzkontrolle" weit vor dem Zoll, einer Vergewaltigung oder noch Schlimmerem.

Gracias a Dios – wir hatten großes Glück, konnten jedes Mal fliehen und hefteten es später unter „Abenteuer" ab.

Unvergessen dagegen bleiben die Polizisten, die uns nachts auf einer Schnellstraße aus dem Konvoi eines Politikers heraus (es waren Wahlen) angehalten hatten.

Wir befürchteten eine Entführung mit Lösegeldforderung, wovor man uns mehrmals gewarnt hatte.

Mit: *„Follow me, follow me!"* bugsierten sie uns mit Sirene und Blaulicht in einem Affentempo in ganzen zwanzig Minuten durch ein Knäuel von Autobahnen und roten Ampeln quer durch *Mexico City*, der damals flächenmäßig größten Stadt der Welt. Am Ortseingangsschild von *Toluca*, unserem Ziel, verabschiedeten sie sich höflich.

In *Tijuana* stand ein beleibter Zollbeamter mit dickem Schnauzer am Grenzübergang zu den USA. Vera hatte mir Geld aus Deutschland mitgebracht, weil ich Angst hatte, sonst keine Visumsverlängerung zu bekommen. Wir hatten es gut versteckt gehalten.

Aber als der Beleibte unsere deutschen Pässe sah, strahlte er übers ganze verschwitzte Gesicht. Er hatte in Heidelberg bei der Army gedient und meinte nur grinsend: *„Hermanas Alemanas,* ihr kriegt Visa solange ihr wollt!"

Das Geld nahm Vera unangetastet wieder mit zurück nach Germany.

12. California – here we come

Bevor Vera ihren Rückflug nach Deutschland antreten sollte, hatten wir noch ein paar Tage Zeit, um uns in Kalifornien umzusehen. Natürlich klapperten wir die heute gängigen Attraktionen ab. Am *Venice Beach* mischte sich die Brise vom Pacific mit dem Gestank von frittierten Speisen und Müllcontainern, neben denen Obdachlose herumlagen. Mobile Eiswagen bimmelten, und Kinder rannten jauchzend hinterher, wie beim Rattenfänger. Bikini-Mädchen standen vor T-Shirt-Shops und Tattoo-Läden. Jogger, Biker und Rollerblader kurvten durch Fußgängertrauben, und am *Muscle-Beach* protzten Männerkörper auf kleinen eingezäunten Plätzen an Trainingsgeräten.

Als wir in *West-Hollywood* auf Palmenalleen entlangkurvten, kamen wir an Abermillionen-teuren Anwesen vorbei, durch Mauern und Gates geschützt. In den *Hills* wimmelte es in den Cafés nur so von wunderschönen Menschen, und in der Ferne glitzerten unzählige Fenster in der Nachmittagssonne, von Häusern, die in die Gebirgszüge gepflanzt worden waren.

In den *Universal-Studios* durften wir wie Superman über die Leinwand fliegen und sind in einem Bummelzug durch die Trümmer von einem durch ein Erdbeben zerstörtes New York geholpert.

Auf dem *Walk of Fame* bewunderten wir die Hand- und Fußabdrücke der Stars, und auf dem makellos sauberen *Rodeo-Drive* wagten wir es natürlich nicht, auch nur einen dieser exquisiten Designer-Läden zu betreten, wo feine Dinge das Vielfache unserer Monatseinkommen kosteten.

Auf dem atemraubenden *Highway No. 1* rollten Vera und ich, Nasen im Pacific-Wind, Richtung *San Francisco*. Die extremen Steigungen der Straßen dort, ließen uns lieber auf *Cable-Cars* umsteigen, die die Berg- und Talfahrten locker meisterten.

Auf der *Fisherman's Wharf*, dem Hafengelände, schrien Seelöwen und Möwen um die Wette, um etwas von den frischen Fängen abzubekommen. Natürlich genossen auch wir die angebotenen Meeresfrüchte - allerdings ohne großes Geschrei!

Das lebendige und laute *Chinatown* präsentierte Läden mit frischem Obst und Gemüse, kunterbunten Waren, sowie Garküchen - dicht an dicht. Gehenkte Enten schwebten an Haken, und ich entdeckte ein Schild, auf das ein chinesischer Witzbold geschrieben hatte: „*We see not your cat, stop asking! Try our chicken – it's purrrfect!*" (Wir haben deine Katze nicht gesehen, hör auf zu fragen! Probiere mal unser Hühnchen - es ist *purrrfekt!*).

Wir machten einen großen Bogen, sodass uns unsere Rückfahrt nach L.A. durch den *Yosemite-Nationalpark* mit seiner paradiesischen Unberührtheit führte. Die unverdorbene Wildnis mit den gigantischen Bergen, tiefen Schluchten und gewaltigen Wasserfällen war faszinierend. Die klare Luft duftete nach Laub, Kiefern und Moos, und leichte Brisen streichelten unzählige Wildblumen, die aus allen Wiesen leuchteten.

Jedoch so richtig klein wie Ameisen kamen wir uns erst im *Sequoia-Nationalpark* vor. Unser letzter Abstecher lotste uns zu den himmelhochragenden, tausendjährigen Mammutbäumen. Einfach gigantisch!

Vollgefüllt mit Eindrücken der unterschiedlichsten Art, lenkten wir unseren Wagen zurück zur „Stadt der Engel", wo Vera und ich uns, erschöpft aber glücklich, verabschiedeten.

Wir mussten alles erst einmal verarbeiten – jeder für sich.

Dazu hatte sich die Sehnsucht nach *Taos* in den letzten Tagen bei mir immer stärker eingenistet, doch ich hatte mir nichts anmerken lassen. Nun zog ich also wieder alleine los.

> Das Geheimnis des Glücks ist die Freiheit.
> Das Geheimnis der Freiheit aber ist der Mut.
>
> *Perikles*

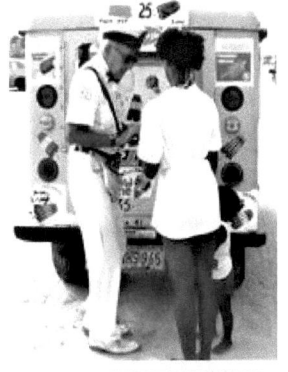

13. Der Weg ist das Ziel

Trotzdem mich das Verlangen mächtig nach *New Mexico* zog, hatte ich mir vorgenommen, auf dem Weg dorthin Sehenswürdigkeiten anzusehen, die ich evtl. nie wieder zu Gesicht bekommen würde. Im Nachhinein denke ich: TAOS sollte wohl das Ziel meiner gesamten Reise sein.

Bam! Was für ein Kontrast nach der Fahrt durch die *Mojave* Wüste: ein Meer aus flackernder Neonbeleuchtung. Für Las Vegas hatte ich ein paar Übernachtungen in einem Hotel eingeplant. Ströme von Menschen zogen auf dem *Las Vegas Boulevard* auf und ab, um sich die Hotel-Attraktionen am Rande anzusehen. Tag und Nacht und überall: Trubel, Gejohle und Musik. In den Casinos hysterische Schreie, Münzen-Geklimper und Lautsprecher-Durchsagen, wenn jemand eine hohe Summe gewonnen hatte. Die Luft war heiß und trocken. Wenn man spielte, servierten knappbekleidete Damen kostenlos Getränke nach Wunsch. Meins sollte für immer Kaffee mit *Baileys* werden. Das hielt schön wach. Alles war ausgelegt mit dicken, buntgemusterten Teppichböden, und es wurde gequalmt, was das Zeug hielt.

Ich hatte pro Tag 100 $ zum Verspielen eingeplant, was ich bei den vielen Abstechern nach L.V. in späteren Jahren beibehielt. Von Anfang an pokerte ich ausschließlich an Maschinen und zog mit meinem mit *Quartern* gefüllten Plastikbecher durch die Casinos den Strip entlang. Einarmige Banditen waren mir zu langweilig! Waren die Viertel-Dollar-Münzen futsch, war Schluss! Aber meistens habe ich am Ende eines L.V.-Ausfluges ein Objekt meiner Begierde erspielt, welches ich mir zuvor in einem der vielen wundervollen Casino-Shops ausgesucht hatte. Jahre später war ich außerdem zweimal bei „Siegfried und Roy", bei „Love" von den Beatles mit dem „Cirque du Soleil" und beim Rod-Steward-Konzert. Obendrein gab es in allen Hotels kostenlose Shows und günstige „All you can eat buffets" zur damaligen Zeit, um Spieler anzulocken.

Endlich machte ich Bekanntschaft mit dem Boxweltmeister Joe Louis, dem ich als Säugling so ähnlichsah.

Allerdings in Form einer Marmorstatur im Caesars Palace.

Auf dem Weg Richtung Utah kutschierte ich vorbei an Wedding Chapels, wo elend-lange Limousinen oder Harleys im Halbstundentakt Pärchen für die Trauung vorbeibrachten. Oft wartete ein weißgekleideter Elvis-Abklatsch auf sie, vermutlich um für sie „Love me tender…" zu schmettern.

Salt Lake City erreichte ich gegen Abend, als viele Menschen gerade in den grell angestrahlten Mormonen-Tempel strömten. Frauen und Mädchen trugen altmodische Gewänder und ebensolche Frisuren, Männer und Jungen hatten sich mit Anzügen und straffen Krawatten schick gemacht – ein Bild, wie aus der Zeit gefallen.

Am nächsten Tag erreichte ich den Yellowstone-Park in Wyoming mit seiner atemraubenden Kulisse. Teppiche aus blassen Lupinen lagen am Wegesrand. Sogleich begegnete ich dem ersten Schwarzbären mit seinen Jungen. Wie andere Besucher war ich so hirnlos, aus dem Auto zu steigen, um Fotos zu machen. Keine Minute später jagte uns die Bärenmutter zurück in die Wagen. Das ging doch ziemlich knapp aus!

Ich blieb die Nacht über sicher in meinem verschlossenen Vehikel, mitsamt aller Lebensmittel, wie vom Ranger empfohlen wurde.

Zwei jungen Deutschen, mit denen ich abends gegrillt hatte, ging dagegen nachts in ihrem Zelt ganz schön die Muffe.

Heiße, brodelnde Quellen, blubbernde Rinnen oder hoch auf-spritzende Fontänen verbreiteten Schwefelgestank. Weiß, Ockergelb und Rostrot liefen in einander über.

Nachts in *South Dakota* wurde ich auf einer einsamen Land-straße von einem Polizei-Auto gestoppt: zu schnell gefahren! Ich hatte ne Heidenangst. Der *Cop* ließ mich jedoch nochmal mit einer Verwarnung davonkommen.

Der Weg Richtung Osten führte mich über *Cody,* wo der Büf-feljäger *Buffalo-Bill-Cody* gelebt hatte. In einem Kreisverkehr umfuhr ich einen Riesenberg von Büffelhörnern.

Unter den Indianern nennt man ihn noch heute den *„Büffel-Killer",* da er mit dem *Overkill* der Büffel ihre Lebensgrund-lage vernichtet hatte.

In Deutschland war Bill indessen mit seinen Wild-West-Shows als *„Ochsen-Willi"* berühmt geworden.

14. Indianerland

Beim Besuch des *Mount Rushmore* in *South Dakota*, das vier Präsidenten der USA in Felsen gemeißelt zeigt, wurde ich plötzlich von unzähligen finster aussehenden Motorradfahrern umzingelt. Allesamt schwarz gekleidet. Mir wurde ziemlich bange, denn ein Entkommen schien unmöglich. Auf dem Besucher-Parkplatz stellte ich zu meiner Erleichterung fest, dass es alles ältere Herrschaften auf Harley-Rentner-Tour waren. Sie waren sehr liebenswürdig, und da ich noch mein „D" am Wagen hatte, fragten sie mich über Germany aus, während sie mir Getränke anboten.

In den *Black Hills* traf ich dann auf meinen ersten Büffel. Er war so gewaltig, dass er, obwohl mein *Landcruiser* erhöht war, mir direkt durchs Fenster in die Augen sah. Er bewegte sich lange nicht von der Fahrbahn, und ich deutete es schaudernd als Begrüßung und als gutes Zeichen. Ein einzigartiger Moment!

Ohne das *Crazy-Horse*-Denkmal, das ebenfalls in Felsen gemeißelt wurde, zu bewundern, konnte ich meinen Weg natürlich nicht fortsetzen. Es zeigte den *Oglala-Lakota*-Anführer, war monströs und ist bis heute – nach 73 Jahren Arbeit – immer noch unvollendet.

Mein allererstes eigenes Werk Perlenarbeit schaute ich mir in *Rapid City*, South Dakota, von einem Hutband im *Sioux*-Museum ab: Indianer, die Büffel jagen.

Zwecks Ausbeutung der Bodenschätze wurden die *Sioux* von der Regierung ihrer bewaldeten *Black Hills* beraubt und in Reservate verfrachtet, wo sie ein erbärmliches Dasein in *Trailern* zwischen Müll und Autowracks fristen.

Bei Vielen hat das zur Alkoholsucht geführt. Ihre Trostlosigkeit hat mich sehr schockiert und betroffen gemacht. Trotz Millionen-Dollar-Angebote der Staatsmacht, bestehen die Stämme stattdessen auf Rückgabe ihres Heiligen Landes - bis heute.

Monument Valley, zwischen Utah und Arizona, war mein nächstes Ziel. Etliche Meilen führten mich durch das Territorium der *Navajo*, der *Diné*, wie sie sich selber nennen. Bis auf ein paar Verkaufsstände der Einwohner, die dort ihre fantastischen gewebten Teppiche, Decken, Türkisschmuck, Korbwaren und duftende *Navajo-Tacos* anboten, war es einsam auf den gutgepflasterten Straßen. Die beeindruckenden roten Bergformationen ragen in weiten Abständen aus der flachen Wüstenlandschaft heraus. In Natur sind die Sandsteingebilde noch gewaltiger und farbenprächtiger, als man sie von Bildern kennt.

Ich erwartete vergeblich, hinter jedem Tafelberg ein Lagerfeuer flackern zu sehen, an dem der *Marlborough-Man* mit seinem Pferd hockte. Hatte wohl zu viel Werbung gesehen!

Bald steuerte ich zurück Richtung *Four Corners*, wo Utah, Colorado, New Mexico und Arizona aufeinandertreffen. Hier liegt *Mesa Verde*, die über tausend Jahre alten Ruinen der *Anasazi*. Ihr *Cliff-Palace*, eine ausgestreckte Wohnsiedlung aus Lehm und Steinen unter einem Felsüberhang errichtet, konnte man begehen. Ich war total fasziniert, denn ich durfte sogar in eine *Kiva*, die heilige Zeremonien-Stätte, klettern und sie von innen betrachten. Von der Felsbehausung aus hatte ich einen Überblick über das weite Land und konnte dabei Rehe sehen, die wie Gummibälle durch die Lichtung sprangen.

Das Volk der *Anasazi* hatte um 1150, mit großer Wahrscheinlichkeit nach einer lang andauernden Dürreperiode, ihre Heimstätte verlassen müssen. Sie hatten sich daraufhin über das ganze Land verteilt, wo sie bei besseren Wetterverhältnissen weiterhin Jagen und Ackerbau betreiben konnten.

Man vermutete, dass auch die *Taos-Pueblo-Indianer* ursprünglich von diesen *Anasazi* abstammten.

Durch die bewaldeten Ausläufer der *Rockies* hindurch, drängte es mich nun weiter - zurück nach *Taos, New Mexico*. Was würde mich in *Taos* erwarten? Hatte ich mir alles nur schön-fantasiert? Würde ich Darlene wiederfinden?

Ich war so angespannt und erwartungsvoll…

15. Fishing

Am frühen Abend fuhr ich über die Mesa nach Taos hinein. Der ganze Ort lag vor mir wie ein glitzerndes Nest. Es schnürte mir die Kehle zu, denn ich hatte das Gefühl, ich war wieder zuhause angekommen. Langsam rollte ich stadteinwärts, als ich plötzlich Darlene mit einem kleinen Jungen am Straßenrand entlanglaufen sah.

„Hi, ich bin wieder da. Ich hatte solche Sehnsucht nach euch, komm steig ein!", rief ich begeistert, sie so schnell wiedergetroffen zu haben.

Mit einem dünnen Lächeln kletterte sie mit Kind auf den Beifahrersitz und meinte nur: „Hallo. Das ist Angelo. Lass uns zum Pueblo fahren."

Keine Herzlichkeit, so wortkarg, es kam mir komisch vor. Das hatte ich nicht erwartet. Enttäuschung machte sich in mir breit.

Als wir an ihrem Haus ankamen, stand da... Darlene nochmals. Von ihrem Zwilling *Marlene*, die mit Mann und Kind auswärts wohnte, hatte meine Freundin mir zuvor nichts erzählt. Aber offensichtlich wusste ihre Schwester von mir, sonst wäre sie ja nicht eingestiegen.

Nun war die Wiedersehensfreude auf beiden Seiten groß. Wir lachten und umarmten uns, und prompt beschloss Darlene, gleich am folgenden Morgen zum Campen zu fahren.

Der Supermarkt hatte 24 Stunden geöffnet. So kauften wir in aller Frühe Lebensmittel und Angelzubehör ein, um dann weiter Richtung *Cañon* zu brausen. Bald fanden wir einen *Campground,* auf dem einzig ein mächtiges Wohnmobil stand.

Wir parkten dicht am *Rio Hondo*, direkt neben Bänken und einem Grillplatz. Der Fluss war angeschwollen und krachte, funkelnd in der Morgensonne, über Felsbrocken und Baumwurzeln hinweg. Die Schneeschmelze hatte eingesetzt. Der Platz lag zu beiden Seiten zwischen steil aufragenden Felswänden. Dazwischen streckten sich Pinien und Aspen der Sonne entgegen, deren Blätter bei jeder Windböe raschelten wie Babyrasseln. Die Luft erwärmte sich schnell, Libellen schwirrten umher und ein Habicht stieß schrille Schreie in das Tal hinunter.

Wir buddelten Würmer aus, und mit der sich windenden Fischmalzeit versuchte Darlene ihr Glück in Flusstümpeln. Dort würden sich Forellen angeblich vom Flussaufwärtsschwimmen ausruhen. Sie schien viel Ahnung vom Angeln zu haben. Während ich ein Feuer auf dem Grillplatz mit Papier, trockenem Gras, eingesammeltem Reisig und Ästen machte, hatte sie tatsächlich Glück und erwischte mehrere dicke Brocken, von denen wir ein paar zu den texanischen Nachbarn brachten. Die hatten uns bei unserer Ankunft bereits mit einem fröhlichen *„Howdy"* begrüßt.

Mit einem einzigen Streichholz brachte ich das Feuer zum Lodern, und somit gab sie mir den Spitznamen *"One-Match-Christiane"*, was sie später stolz herumerzählte.

Die ausgenommenen Forellen, nur mit Salz eingerieben und in Alufolie gegrillt, waren ein zarter Traum und dufteten mit den Pinienzapfen, die ich zusätzlich ins Feuer geworfen hatte, um die Wette. Dazu den mitgebrachten *Cole-Slaw*, Brot und *Soda-Pop* – wir waren *very happy*!

Wir erkundeten die Gegend, lachten und redeten stundenlang am Lagerfeuer, wobei von Darlene über ihren Bruder *Phil* nicht viel heraus zu bekommen war.

Bei der ersten Abenddämmerung krochen wir in den Wagen. Mit doppellagiger Bekleidung schlüpften wir in die Schlafsäcke und zogen dazu noch Decken drüber.

Nach einer klirrend kalten Nacht wurden wir durch ein Klopfen ans Fenster geweckt. Unsere Nachbarn luden uns zu *Pancakes* und *Eggs* in ihren gemütlichen, warmen Camper ein. Das brauchten sie nicht zweimal zu sagen. Es wurde ein sehr lustiger Morgen, noch bevor wir uns im eisigen Fluss waschen konnten.

Auf dem Rückweg vom *Cañon* machten wir einen kleinen Abstecher Richtung Nordwesten. Dort, wo sich der *Rio Grande* ins Lavagestein hineingefressen hatte, überquerten wir die tiefe, schlangenartige Schlucht in schwindelerregender Höhe. Auf der *Rio Grande Gorge Bridge* hatten wir einen einmaligen Ausblick über das weite Land. Unglücklicherweise lud die hohe Brücke auch häufig zum Suizid ein.

16. Sightseeing

In den folgenden Tagen wollte ich mal alleine umherfahren, um die Gegend auf eigene Faust zu inspizieren.

TAOS hatte seit über hundert Jahren Künstler aus aller Welt angezogen. In den 1950er Jahren entwickelte sich der Ort zum wichtigsten Center moderner Kunst außerhalb *New Yorks* und *San Franziscos*. In den 60ern gründeten Hippies nördlich der Stadt die *„New Buffalo Kommune"*. Love, Peace und ein freies Leben in Verbundenheit mit der Natur, dazu die Indianische und Spanische Kultur, zogen allerlei Freigeister an. Die beeindruckende Landschaft und das einzigartige Licht dieser Gegend taten ihr Übriges. Nachdem Dennis Hopper 1968 den Film *„Easy Rider"* in Taos gedreht hatte, ließ er sich hier nieder, und viele seiner Freunde aus dem Film- und Musikbusiness kamen regelmäßig auf einen Sprung vorbei.

In der Stadtmitte, auf der *Plaza de Taos,* verweilte ich nun auf einer der zahlreichen gusseisernen Bänke und sah dem Treiben zu. Ein paar betagte Spanier, breite Gürtel über prallen Bäuchen und mit eingedrückten Hüten, hockten auf dem Mäuerchen, das die Plaza einrahmte. Der Platz hatte einen erhöhten *Gazebo*, wie ich sie bereits in *Alt Mexiko* gesehen hatte, und war mit schattenspendenden Bäumen und blühenden Pflanzen begrünt. Zwei Indianer in ihre traditionellen, hellblauen Decken gehüllt, warteten auf eine Mitfahrgelegenheit, denn es gab weder Taxis noch Busse. Um den Platz kreiste ein tiefgelegter Straßenkreuzer, der durch seine Hydraulik abwechselnd mal die hintere, dann die vordere Achse hoch- und runterpumpte.

Nachdem die *Chicanos* in ihrer buntbemalten Karosse genügend von allen Anwesenden bewundert worden waren, suchten sie wieder das Weite.

Auf den Straßenseiten standen aufgereiht Adobe-Häuser mit Geschäften. Unter deren Arkaden bummelten Touristen entlang und bestaunten die Auslagen mit Candy, Indianerschmuck, Kleidung, Kunst und Souvenirs.

Eine rotbezopfte Frau in einem langen geblümten Kleid sprach einige Leute an und versuchte ihnen *Smudge-Sticks*, Räucherbündel aus Sage-Zweigen, zu verkaufen.

Es gab ein Kino, gleich neben dem „La Fonda Hotel“. Dieses hatte in seinen 160 Jahren viele Künstler und Stars beherbergt. Hier hatte auch *D. H. Lawrence („Lady Chatterley“)* gewohnt und geschrieben. Ich spazierte hinüber. Ein dürres Männchen mit Ozon-Tank im Schlepptau, aber gleichzeitig ne Kippe im Mundwinkel, klärte mich auf, dass der Hotel-Besitzer *Saki* im Besitz einiger Original-Ausgaben war. Er besaß zugleich die „Verbotenen (perversen) Gemälde“ von *Lawrence*. Er würde sie jedoch niemals verkaufen. Aber für ein paar Dollar konnte man sie sich im Büro ansehen.

Ein Riese mit warmem Lachen, Rauschebart und einem Schlapphut, an dem ein Band aus gewebten Perlen und mit schwarz-weiße Federn hing, gesellte sich zu uns. Sein Name war „Blue“, und er sei *Trapper*, ein Fallensteller. Etliche Perlenketten mit Klauen und mächtigen Eckzähnen baumelten auf seinem weiten Leinenhemd. Seine vollgepackte Umhängetasche aus Fell schaukelte bei jeder ausholenden Armbewegung auf seiner verbeulten Lederhose rum. Sie war seitlich mit *Silverconchos*, silbernen Ziernieten, dekoriert.

„Oben auf *Lobo-Mountain* besaß D. H. Lawrence die *Rananim-Ranch*. Dort ist auch seine Asche verstreut. *Georgia O'Keeffe* war oft zu Besuch bei ihm und malte dort", klärte er mich auf.

Ich bedankte mich bei den beiden Herren. Ich war überwältigt von den interessanten, neuen Informationen und Eindrücken.

„Well, have a good time here in Taos", nuschelte Blue durch seinen zippeligen Bart, tippte an seinen Hut und schlenderte lächelnd davon.

Auf der Terrasse des ersten Stockes eines Gebäudes sah ich fleißige Bedienungen hin und her flitzen. Von dem Balkon des Restaurants *„Ogelvies"* konnte man die gesamte Plaza überblicken. Ich marschierte hinüber und bestellte meine ersten *Nachos*, mit Käse überbackene *Tortilla-Chips*. Dazu nippte ich an einer Erdbeer-*Margerita*.

Das musste erst mal alles in Ruhe verarbeitet werden.

17. Earthship

Es gab in Taos keine strengen Bauvorschriften, und so konstruierte der Architekt *Michael Reynolds* seit 1970 Solar-Häuser, die zur Hälfte in Erdhügel eingesetzt wurden, die sogenannten *Erdschiffe*. Sie waren mit lehmgefüllten Autoreifen isoliert und individuell gestaltet im Stil von *Gaudí* und *Hundertwasser*. Die sonnenzugewandte Seite bestand aus *Adobe-Wänden*, Lehmziegelmauern, in denen farbige, wassergefüllte Flaschen und Alu-Dosen steckten. Sie erhitzten sich tagsüber – bei 360 Sonnentagen im Jahr – und gaben die Wärme nachts ins Hausinnere ab. Grünwuchs, Obst- und Gemüsepflanzen regulierten die Luft in den Räumen und Wintergärten.

Taos lag im Norden *New Mexicos* vor den Ausläufern der *Rocky Mountains*. Dadurch gab es hier ebenso heftige Regengüsse und Schnee. Das Wasser wurde in Zisternen aufgefangen und für Trinkwasser gefiltert. Strom erzeugte man mit Solar-Paneelen oder Windrädern.

Als ich in Taos ankam, gab es bereits dreißig dieser *Earthships*, und eines davon sollten Darlene und ich eines Tages hüten. Ich war sehr gespannt. Unseres war durch seine Bögen und Säulen leicht aufzufinden.

Zwei langhaarige Hunde in Ponygröße rannten sogleich schwanzwedelnd auf uns zu, erfreut, Abwechslung zu bekommen. Den Schlüssel und eine Nachricht fanden wir unter einem Blumentopf.

„Sieh mal hier, der *Kiva-Fireplace*. Ist der nicht gemütlich?", jubelte Darlene, als wir drinnen unsere Taschen abstellten. Im Boden, im Zentrum des ansehnlichen Hauptraumes, führten in paar Stufen in eine geräumige, runde Vertiefung mit Kamin hinab, an dessen Seiten Brennholz gestapelt war. Ringsherum befanden sich bequeme Sitzbänke mit schmucken Kissen, aus Navajo-Decken gefertigt. Als Tisch diente eine große Trommel.

Das vor kurzem verkohlte Zedernholz duftete noch von der erkalteten Brandstätte. Der Abzug führte genau in der Mitte des Wohnbereiches durch die Decke nach außen.

Alle tragenden Dachbalken bestanden aus schlanken, geschälten Baumstämmen, den *Vigas*. Sie führten von der Mitte aus über den gesamten Raum und durch die Außenwände hindurch nach draußen.

Das waren die Balkenenden, die man an allen Häusern herausragen sah.

Zwischen den Dachbalken waren *Latillas*, dicke geschälte Äste, im Fischgrätmuster angeordnet.

Wir wanderten neugierig weiter durch die abgetrennten Räume.

Die Küche war mit mexikanischen Kacheln eingekleidet. Lustige Skelett-Bilder von *Anita Rodriguez*, sowie *Frida-Kahlo-Gemälde* ruhten auf kobaltblauen Wänden. Zudem leuchtete buntes Flaschenglas durch die Mauern. Es gab geschnitzte Möbel und wunderschöne indianische Tonkrüge. An den Wänden hingen Kerzenstumpen hinter Zinnblechen, die verziert und durchlöchert waren, um das Licht hinausstrahlen zu lassen. Im Gewächshaus stand eine geräumige, gusseiserne Badewanne. Runde Keramik-Waschbecken mit gusseisernen Armaturen waren in Mosaik-Schränke eingelassen. Navajo-Teppiche zierten den burgunderroten, versiegelten Fußboden.

Wie wunderschön war das denn alles?

Mit einem kleinen Kassettenrecorder beschallten wir das *Earthship*, während wir die schriftlichen Anweisungen der Hausbesitzer lasen und *Snacks* zu uns nahmen. Doch statt das Ganze in Ruhe zu genießen, quengelte Darlene plötzlich:

„Lass uns tanzen gehen, Chris! Hier kann mich mein Vater wenigstens nicht kontrollieren! Es gibt ja kein Telefon."

Sie ließ keine Ruhe, bis ich meinen verknüllten Disney-Pullover überschmiss. So ging ich ungeschminkt und widerwillig mit… …zu *„Saints and Sinners"*.

18. MorningRain

„Magst 'nen Pfefferminz?"

Aus dem Halbdunkel dieser Kaschemme *„Saints and Sinners"* war ein süßer Typ direkt vor mir aufgetaucht und lächelte mich an. Selbst in diesem Zwielicht strahlte er eine sinnliche Schönheit aus.

Ich konnte gerade noch ein *„Yes"* herausstammeln, als er sein *Lifesaver-Mint* durchbiss und mir eine Hälfte davon sanft mit seiner Zunge über meine Lippen schob.

Ich erstarrte und wehrte mich nicht. War das hier ein Traum? Meine miese Laune war sofort verdampft. Er sah aus wie *Winnetou*, für den ich seit meiner Jugend geschwärmt hatte. Ich hatte sein Profil in alle Schulhefte gekritzelt und dafür sogar ne Tracht Prügel kassiert. Und jetzt stand er leibhaftig vor mir – in echt, schön und faszinierend.

Der Schuppen war düster, von der grellbunten Neonwerbung an den Wänden abgesehen. Weiße, *Chicanos* und ein paar Indianer belegten dicht gedrängt den Rand der tellergroßen Tanzfläche. Rockmusik dröhnte durch die verqualmte Luft. Pralle Bedienungen schoben Tabletts voller Getränke gekonnt durch die Menge.

Dieser wie vom Himmel gefallene Typ blieb wie verlötet vor mir stehen. Er war nur ein wenig größer als ich. Jedes Mal, wenn er versuchte, mir etwas durch den Lärm hindurch ins Ohr zu brüllen, sog ich den leichten Duft von Babyseife aus seinen langen Haaren ein, den Duft, den ich bereits kannte - *Amole*.

Da ich nichts verstehen konnte, nahm er meine Hand und zog mich nach draußen, vorbei an Darlene, die lachend mit Freundinnen am Eingang plauderte.

Mein kleines Herz flatterte, als meine neue Bekanntschaft nun mit sanfter Stimme zu mir sprach. Ich betrachtete seine wunderschön geschwungenen Lippen und die bronze-schimmernden Gesichtszüge. Seine Adleraugen ließen mich keine Sekunde aus dem Blick.

„By the way: my name is Steve Mondragon, auch MorningRain genannt ", meinte mein neuer Freund. Ich schmolz unweigerlich dahin.

Am nächsten Vormittag war ich mit diesem süßen MorningRain im Pueblo verabredet.

Ich zitterte vor Aufregung wie das Aspenlaub in den Bergwäldern, die den Hintergrund für die Lehmpyramide bildete. Ich war überwältigt von der Kulisse, die im orangenen Sonnenlicht leuchtete.

Steve hockte auf dem Balken, der dem Rio Pueblo als Brücke diente. Sein Mund verzog sich zu einem breiten Grinsen, als er mich kommen sah. Auch bei Tageslicht sah er hinreißend aus. Mein Herz schlug so schnell, dass ich befürchtete, es würde explodieren.

Alles war so fantastisch und irreal.

Wir machten uns sogleich im Landcruiser, im wahrsten Sinne, aus dem Staub. Wir rumpelten auf unbefestigten Wegen Richtung *Sangre de Cristo Mountains*, deren hohe Gipfel noch leicht mit Schnee gepudert waren. Vorbei an einem zerschossenen Schild, auf dem „Schießen verboten!" stand. Ringsum breitete sich die Prärie aus, die mit unzähligen Sage- und *Chamisa*-Büschen bewachsen war.

Am Fuß der Berge peitschte Schlehengestrüpp gegen die Kotflügel, bis wir an einer Waldlichtung mit einem natürlichen Damm ankamen. Dort blühte ein Meer von winzigen Wildblumen, durch die wärmende Frühlingssonne herausgelockt. Mittendrin machten wir es uns bequem.

Steve war schlicht gekleidet in T-Shirt und Jeans, die durch einen Gürtel mit mächtiger Adlerschnalle fixiert war. Bei jeder Bewegung blinkte ein kleiner silberner Federohrring durch sein glänzendes Haar. Während der gesamten Fahrt hatte er mich mit neugierigem Blick gemustert und drauflosgeredet, als wenn wir uns schon ewig kannten.

Steve war etwas jünger als ich und so wie ich, schon einmal verheiratet gewesen. Seine beiden Kinder, *Marsha*, acht Jahre alt und *Sammy* sechs, lebten bei der Mutter, einer Indianerin vom *Santo Domingo Pueblo*, einem weiteren der neunzehn Pueblos New Mexicos.

Hier in Taos hatte Steve noch sechs Geschwister. Sein Vater war, als er noch jung war, bei einem Verkehrsunfall zu Tode gekommen. Seine Mutter Rose lebte seitdem mit einem Mike zusammen.

Ich liebte Steves sanfte Stimme und seine haarlose, goldbraune Haut. Ausgestreckt im Gras, zupfte sich mein Beau feine Barthärchen mit einer Blechpinzette vom Kinn. Ich sah ihm gebannt dabei zu.

Ich fand alles hinreißend an ihm, und er empfand bei mir wohl dasselbe. Ich war auch überzeugt davon, dass er schon immer auf mich gewartet hatte, wie er mir bereits mehrmals seit unserem Aufeinandertreffen mit dem *Foreigner*-Song vorgesungen hatte:

„*I was waiting for a girl like you to come into my life…*"

Wir redeten und lachten ausgiebig, liefen bald lärmend und uns fangend herum, wobei wir unsere Kleidung Stück für Stück abwarfen. Dann sprangen wir, nur in unserer Unterwäsche, bibbernd in das saukalte, flache Wasser des Dammes. Steve schwamm auf die andere Seite des Dammufers, um mit einer langstieligen zartlila Blume im Mund zurückzukommen. Wie süß war das denn?

Wir planschten, fielen uns feixend in die Arme, küssten, fühlten, umschlangen uns, trockneten uns atemlos und zitternd gegenseitig ab.

Schließlich ließen wir uns den mitgebrachten Imbiss, von seiner Mutter zubereitet, schmecken. Ihr hatte er sofort von mir berichtet und wahrhaftig verkündet, dass er mit mir nach Germany gehen werde. Was? Wie? Das war neu für mich!

Dabei war er zuvor nie weiter als bis Arizona oder Colorado gekommen, wie er offenbarte, und besaß nicht mal einen Pass! Und ich musste in etwa zehn Tagen zurück in Deutschland sein, denn mein Ex-Mann Klaus wollte in meinem Wagen in den USA umherfahren, während ich das „Anno" weiterführen sollte. So war's abgemacht.

„Where's a will there's a way!" Wir glaubten beide daran: Wo ein Wille ist, da ist auch ein Weg! Ich konnte diesen hinreißenden *MorningRain*, „meinen Winnetou", ja auch nicht einfach so zurücklassen…

Eng aneinander gekuschelt, schliefen wir im Wagen ein, den wir aus Schutz vor möglichen Bärenbesuchen fest verschlossen hielten. Über uns wachte der tiefschwarze Himmel, von dem unzählige Sterne zu uns herunterblinzelten. Ich war fest überzeugt: Für jeden Menschen gibt es eine Zwillingsseele. Und ich hatte meine gefunden!

„Ich möchte niemals bereuen, etwas nicht getan zu haben!" (Piaf)

19. „Fourtyniner" und Georgia

Gleich am folgenden Vormittag raste Steve nach Albuquerque, um einen Pass und ein Eil-Visum zu beantragen, mit der Begründung: Sein Onkel in Germany sei schwer erkrankt. Wie versprochen, war er gegen Abend zurück, denn er wollte mit mir unbedingt zu einem *„Fourtyniner"* gehen – was auch immer das war.

  Mit einem Affenzahn fegten wir in der anbrechenden Dunkelheit über die Steppe hinweg. Wir vernahmen aus der Ferne bereits ein dumpfes Donnern und konnten ein mächtiges Lagerfeuer erkennen, um das herum mehrere Trucks platziert waren. Als wir dazu stießen, waren da Männer, die zu den hochgezogenen *Chants* einiger Frauen ihre Handflächen im Takt auf die Motorhauben schlugen und in den Gesang einfielen. Wortlose Melodien, ein rhythmisches Anschwellen und Verebben der Töne, fast bis zur Ekstase. Höher und höher, lauter und lauter. Sie endeten stets mit einem Wiehern-ähnlichen *Yeah*-Ton. Steve hatte mit eingestimmt, während er mich fest an der Hand hielt.

  „Heeja, heeja, heeja, ho, ho, heeee…"

  Es waren alte Gesänge, immer wieder eingeübt und in Einheit ausgeführt. Dabei wurde mit den Füßen tüchtig aufgestampft, sodass wir alle bald in einem Staubschleier standen. Knatternde Funken und flackernde Feuerzungen stoben dazu Richtung Himmel, der direkt auf uns drauf zu liegen schien. Die Luft war klar und dünn. Die Milchstraße zog ihre geschwungenen Bahnen über einem Netz aus Millionen winziger Weihnachtslämpchen. Welch magische Atmosphäre!

In einer Gesangspause ließ man Biere und Joints kreisen. Wir lehnten dankend ab. Ich war bereits unauffällig in Augenschein genommen worden. Auch Steves Bruder *Pat* war unter den Sängern. Er hatte mich die ganze Zeit aus schmalen Augenschlitzen abgecheckt. Nun nickte er uns lächelnd zu.

MorningRain und ich entdeckten zahlreiche *Falling Stars*, und wir wünschten uns, fest umarmt, was sich Verliebte halt so wünschen...

THE HIGHER POWER war mit uns: kurz bevor ich nach Deutschland zurückmusste, war Steves Pass mit Visum da! Wir waren selig!

Statt von Albuquerque ab zu fliegen, wollten wir nun zu zweit von New York aus abheben, da dieses um ein Vielfaches billiger war. Das Auto würden wir, wie besprochen, für meinen Ex-Mann im Pueblo zurücklassen. Doch bevor wir mit dem Bus losfuhren, sollten wir auf Bitte von Steves Onkel, einem betagten Medizinmann, noch bei seiner Freundin Georgia in *Abiquiu* vorbeischauen. Sie war ebenfalls sehr gebrechlich, konnte den Weg nach Taos nicht mehr bewältigen und brauchte seine Hilfe. Ihr wollte er Pflanzen des *„Großen Geistes"* zukommen lassen, und er erklärte Steve, was zu tun war. Mit einem *Kiva*-Tongefäß, gefüllt mit Indianer-Medizin, machten wir uns auf und landeten in einer völlig ungezähmten Wildnis. Man konnte kilometerweit ins Land schauen. Klippen und Berge, die quergestreift in Gelb, Orange und Rostrot leuchteten, darüber ein grandioser Himmel und absolute Stille…

Hier auf der *Ghost Ranch* lebte *Georgia O'Keeffe*, eine Malerin, die der Trapper *Blue* schon mal erwähnt hatte.

Ein großgewachsener jüngerer Mann ließ uns herein in das schlichte Adobe Anwesen.

Georgia, eine zerbrechliche alte Dame, verschwand fast in ihrem mächtigen Bett. Ihre Augen waren halb geschlossen, aber ein Lächeln huschte über ihr zerfurchtes Gesicht, als sie hörte, wer Steve geschickt hatte.

Ich zog es vor, im davorliegenden Raum mit einem riesigen Panorama-Fenster zu warten. Während ich leises Gemurmel, Singsang und Räucherduft durch die Tür des Schlafraumes wahrnahm, sah ich mich vorsichtig um. Tongefäße, Staffeleien, Rinderschädel, Knochen, Steine und Fundstücke aus der Natur lagen auf Tischen und in Regalen.

Nach einiger Zeit machten Steve und ich uns wieder wortlos auf den Weg zurück nach Taos. Ich traute mich weder, ihn nach dem Geschehenen zu fragen, noch ahnten wir zu der Zeit, dass Georgia O'Keeffe derart berühmt werden sollte.

Zwei Jahre später verstarb sie mit 99 Jahren in einer Klinik in Santa Fé.

20. Auf nach Germany

Nach fast zweitägiger Busfahrt kamen wir in NYC an. Meinem naturverwöhnten Liebsten war hier alles zu schnell, zu laut, zu viele stinkende Autos und hektische Menschen. Ihn verwunderten vor allem die Müllmänner, die Tag und Nacht überriechende Abfälle beseitigten, und ihn erstaunten die zahlreichen *Native Americans*, die auf hohen Bauten arbeiteten, vermutlich, weil sie schwindelfrei waren. Wir hatten ohnehin keine Zeit, viel zu unternehmen. Germany und das „*ANNO*" warteten.

Niemand hatte damit gerechnet, dass ich „zu zweit" eintreffen würde. Alle machten Riesenaugen, wo wir auch auftauchten. Ein „echter" Indianer war in den 1980ern höchst selten in Deutschland. Mit seinem Charme zog Steve jedoch sogleich jeden restlos in seinen Bann. Ich bewunderte, wie er ungehemmt auf Menschen zuging, auch wenn er nur Englisch sprechen konnte.

Während meiner Arbeit im „*ANNO*" saß Steve an einem Tisch und fertigte Ohrringe und Schlüsselanhänger aus dem Perlenmaterial an, welches wir vorausschauend mitgebracht hatten. Er verkaufte zahlreiche Exemplare, während man ihm staunend zusah. Abends zuhause, tüftelten wir um die Wette, wer wohl das schönste Perlenmuster hinbekam. Ich hatte inzwischen ebenfalls eine große Leidenschaft dafür entwickelt.

Wir schliefen in der Wohnung meines Ex-Mannes, fuhren seinen Wagen, und als der wieder aus den USA zurückgekehrt war, durften wir mit dem Auto seiner Freundin eine Deutschland-Tour machen.

In München trafen wir auf eine Gruppe Punks, ein Phänomen jener Zeit: durchlöcherte Kleidung, Ketten, die Haare bunt mit Zuckerwasser zum Hahnenkamm aufgestellt.

Steve hatte zuvor noch nie Punks gesehen, und die noch keinen Indianer. Nun wurde umarmt und die für beide Seiten ungewöhnliche Begegnung von allen Seiten bestaunt und fotografiert, bis wir unsere Reise fortsetzten.

Unser Weg in die Schweiz, wo meine Schwester lebte, führte durch den Schwarzwald. Steve wollte wissen, wann der wohl geöffnet sei - wie die Nationalparks in den USA.

Nach dem Besuch eines Schlosses am Rhein, kam uns lärmend eine Horde lederbekleideter Motorradfahrer entgegen. Steve, der selbst Lederhosen und ein rotes Stirnband um die langen Haare trug, warf ihnen ein freundliches *„Grüezi mitenand!"* entgegen.

Die Raubeine verstummten, und ihnen fielen allesamt die Kinnladen runter.

Ich war einfach vernarrt in meinen MorningRain. Zugegeben, er bekam auch des Öfteren Eifersuchtsanfälle, die ich mit seiner Situation in der Fremde entschuldigte. Zurück in New Mexico würde das sicher alles schon wieder vergehen.

Wenn er dann an der Ampel bei „Rot" aus dem Auto sprang, um mir vom Grünstreifen einen Strauß Blumen zu pflücken, war schon wieder alles vergessen.

Manchmal stießen Jungs provozierend „Juijuijui"-Rufe hinter Steves Rücken aus. Dann drehte er sich mit grimmiger Miene um: *„What do you want Punks?"* Alle erstarrten, und prompt war Ruhe!

Vor dem Balkon meiner Eltern, in deren Braunschweiger Wohnung wir später wohnten, da sie noch in Spanien verweilten, versammelte sich an jedem Vormittag eine Gruppe kleiner Jungs. Sie warteten darauf, dass MorningRain von oben winkte und sie gebührend begrüßte, um dann überall damit anzugeben, dass er ihr Freund war. Ein paar Knaben hatten sich von ihm sogar ein Autogramm geben lassen. Später erfuhren wir, dass sie versucht hatten, die Unterschrift eines „echten Indianers" zu verkaufen.

Fing Steve erstmal an, ein Pferd zu der Unterschrift zu zeichnen, kamen alle anderen Jungs zurück und wollten auch ein Pferd neben seinen Namenszug skizziert haben.

Eines Tages saßen wir in einem Straßencafé, als Steve meinte, er hätte nun den passenden Indianer-Namen für mich: *„Tömm-tell-mäh"*. Das bedeutete „Fliegendes Auge", weil ich dauernd den vorüber flanierenden Passanten hinterher sah.

Auf einer Busreise ins geteilte Berlin marschierte ein Ost-Grenzer zur Ausweiskontrolle von einer Sitzreihe zur nächsten. Als er Steves Pass kontrollierte, leuchtete er ihm ins Gesicht, dann wieder auf den Pass und abermals ins Gesicht.

Plötzlich entspannten sich seine bis dahin erstarrten Gesichtszüge zu einem breiten, glücklichen Grinsen. Wir ahnten, was er zuhause erzählen würde:

„Winnetou lebt – ich habe ihn selber gesehen!"

Steve liebte die kolossalen Brauerei-Pferde, die Bier in die Kneipen lieferten. Ebenso die gewaltigen Hirsche im Wildpark, die nicht, wie in den Wäldern von Taos gewohnt, vor ihm davonliefen.

Fast täglich ging er zum See, um die „riesigen weißen Vögel" zu füttern. Als seine Mutter davon erfuhr, schrieb sie ihm eilig zurück: „Töte sie ja nicht – du bist nicht in New Mexico! Man wird dich ins Gefängnis werfen!"

Nenas *„99 Luftballons"* war sein Lieblingslied, und er sang es jedes Mal lauthals mit, wenn es im Radio erklang.

Und immer wieder hörte ich ihn sagen: „Warte nur, wenn der erste Schnee fällt… dann!"

Ich war mächtig gespannt, was dann passieren würde.

Eines Tages fuhren wir mit Freunden nach *Hahnenklee* im Harz. Vor der Stabskirche warf er mich plötzlich in den Schnee und fragte dann, ob ich ihn heiraten wolle.

Und ob ich wollte!

Weihnachten feierten wir mit Freunden am *Maschsee* in Hannover unsere ersehnte Verlobung, mit Ringen, die wir erst am Tag zuvor ausgesucht hatten. Mit Musik von *Boney M.*, Wunderkerzen und Punch tanzten wir um ein großes Lagerfeuer, und der gesamte Freundeskreis freute sich mit uns.

Meine Eltern waren für kurze Zeit aus Spanien zurückgekehrt, um Steve kennen zu lernen. Sie waren ebenfalls gänzlich hingerissen von ihm.

Von Anfang an pflegten wir zudem regen Briefverkehr mit Steves Mutter und Schwester Rosie. Es gab noch keine Handys, und telefonieren war damals sauteuer.

Im Frühjahr bat Steves Mutter ihn eindringlich, nachhause zu kommen. Seine geschiedene Frau hatte wegen ihrer Trunksucht ernsthaften Ärger, und die Kinder waren allein mit der Urgroßmutter. Wenn er sich nicht sofort um sie kümmern würde, kämen sie in ein Heim.

Schweren Herzens flog er ohne mich zurück nach New Mexico. Ich blieb heulend zurück. Sofort machte ich mich an den Antrag für mein Einwanderungs-Visum beim US-Konsulat in Frankfurt. Dazu an die Übersetzungen und das Beschaffen der damals verlangten Lungen-Röntgenaufnahme (wegen Tuberkulose). Bald hieß es auch für mich Abschiednehmen von Freunden und meiner alten Heimat. Ein neues Leben mit MorningRain wartete auf mich.

Steves Brief, den er mir hinterlassen hatte, trug ich stets bei mir:

„Möge der große Geist dich vor Leid beschützen.
Die großartige Sonne, Sterne und Mond
dir Licht zum Sehen geben.
Möge der Wind gegen deinen Rücken wehen,
Um dich heile zu mir zurück zu bringen.

An-ma-chu-mee-ee, ich liebe dich"

21. Home is where the Heart is

Endlich fiel ich meinem Liebsten wieder in die Arme. Am Busbahnhof in Taos, auf dem ich mit dem *Greyhound* vom Flughafen Albuquerque eintrudelte, empfingen mich Steve mit Mutter und Onkel.

Mein Toyota war leider von Steves Schwager entwendet und mit allerlei Schäden zurückgelassen worden. Nach Reparaturen und langer Autohändlersuche konnten wir ihn gegen einen viersitzigen Toyota-Truck mit Camper-Haube eintauschen. Einen Führerschein zu machen war ein Klacks: Sehtest, zwanzig Fragen, die ich mir – wie zu Schulzeiten – nur zehn Minuten zuvor durchgelesen hatte, einmal um den Block fahren und acht Dollar zahlen. Das war's.

Am Anfang übernachteten wir im Zentrum des Pueblos bei Steves kleiner, etwa 90-jährigen Großmutter und ihrem struppigen, wohl genauso alten Hund. Tief gebeugt, wirbelte sie täglich den Staub mit einem Bündel Stroh vom Lehmboden auf.

Trauriger weise verbreitete sich durch diese Praxis später das *Hanta-Virus*, an dem besonders viele *Navajos* starben - ebenso die Frau des Schauspielers *Gene Hackman*.

Wir holten Wasser vom nahen Fluss, der mitten durch das Lehm-Dorf plätscherte und beschafften Feuerholz aus dem Wald mit unserem neuen Truck. Wäsche wuschen wir im nahe gelegenen Waschsalon, während wir ins Schwimmbad zum Duschen gingen. Wie seit tausend Jahren gibt es bis heute weder Strom, Gas noch fließendes Wasser in den Häusern der ältesten Siedlung der USA. Taos Pueblo gehört seit 1992 zum *UNESCO-Weltkulturerbe*.

Manchmal saßen wir mit *Grandma Mondragon* vor dem Haus, um mit *Mica-Lehm,* der glitzernden mineralienhaltigen Erde, hübsche, kleine Tongefäße anzufertigen. Diese wurden dann in einem Feuerloch im Erdboden gebrannt. Was mich auch erstaunte: gelegentlich kam ein Mädchen vorbei, um Grandmas Haare pechschwarz zu färben.

Exakt eine Woche nach meiner Ankunft fing ich an, in einem der besten Restaurants zu arbeiten. Das *„Ogelvies"* am Plaza, das ich bei meinem allerersten Besuch bereits kennengelernt hatte, suchte für abends eine Küchenhilfe. Ich arbeitete mich im Laufe der Monate vom *Salad-Girl,* über *Line*-Köchin zur *Broiler-* und *Sautée*-Köchin hoch.

Dabei lernte ich, wie man perfekt Hamburger, Steaks, *Ribs* und mexikanische Gerichte zubereitet, oder wie man flambiert. Zusätzlich verbesserte ich mein Englisch. Die deutschen Bedienungen Martina und Ilse wurden meine Freundinnen. Auch alle anderen waren riesig nett. Es war eine lockere, familiäre Atmosphäre.

Ich war nun krankenversichert, aber wie fast überall in den USA: es gab keine vergütete Krankenzeit, der zweiwöchige Urlaub war unbezahlt, und eine fristlose Kündigung war jederzeit ohne Begründung möglich. Mit unserer Eheschließung würde ich allerdings zusätzlich staatenweit kostenlos (für Indianer und deren Familie) krankenversichert sein.

Wenn Steve mich nachts nach meiner Schicht abholte, warf er in der Bar des Restaurants *Darts* mit Anderen um die Wette. Dort stand zudem ein *Pac-Man*-Tisch, an dem wir so manchen *Quarter* nach Feierabend verschwendeten. An jedem Wochenende spielten Live-Bands. Dann wurde es in der Bar voll und laut, und es herrschte eine Mega-Stimmung.

Steve fand einen Job als Zuschneider für Schaffellkleidung bei „Overland Sheepskin". Für einen Job als Optiker, sein erlernter Beruf, hätte er täglich 100 km nach Santa Fé hin- und abends zurücklegen müssen.

Während meiner Abwesenheit hatte er bereits einen Batzen Dollar mit dem Auftritt in einem *PBS*-Fernsehfilm über Ureinwohner der USA verdient. Ebenso bei einer Brandbekämpfung in Kalifornien mit den „*Snowballs*", seiner Spezial-Feuerwehr-Truppe aus dem Pueblo.

Im Nebenjob bei einem netten Architekten verdiente mein Verlobter Geld dazu und lernte ine Menge für unseren eigenen Hausbau. Der Stamm stellt zwar jedem Angehörigen ein Solarhaus auf dessen Stück Land *außerhalb* des Dorfkerns, aber da bisher keine Strom- und Wasserleitungen bis zu Steves Areal gelegt worden waren, war das nicht möglich. So wollte er unser Haus mit eigenen Händen bauen.

Es war Frühherbst und noch bombig warm. Jedes Fleckchen Erde war mit bunten Gräsern übersäht. Felder strahlten mit kobaltblauen *Akelei*-Blumen, unterbrochen durch dottergelbe *Chamisa-Büsche*. Pinienwälder waren befleckt mit goldleuchtenden *Aspen-Bäumen*.

Von „unserem Land" aus, konnten wir das gesamte Tal überblicken. Häuser glitzerten in der Sonne, und wir träumten von einer Zukunft in unserem eigenen Haus. Es war ein sagenhafter *Indian-Summer*.

Oft unternahmen wir mit der Familie Spaziergänge in den Wäldern, fuhren an den Damm zum Baden oder zum Picknicken. Wir besuchten Familien und Freunde in anderen Pueblos zu verschiedenen Festen. In unserem neuen Truck reisten wir in den Süden New Mexicos nach *Acoma,*

„*The Sky City*" (Stadt im Himmel), nach *White Sands,* die schneeweiße Gipswüste, oder zu den Tropfsteinhöhlen *Carlsbad Caverns,* aus denen abends Millionen von Fledermäusen ins Land ausschwärmen. Auf dem gemütlich hergerichteten Truckbett unter der Camper-Haube konnten wir überall bequem übernachten.

Bald stellte uns Steves Onkel Howard eine alte Lehm-Kate, unweit der Pueblo-Mitte, zur Verfügung, dessen Bewohner acht Jahre zuvor an Krebs verstorben waren. Indianer sind sehr abergläubisch, deshalb hatte niemand das Haus seither betreten. Es gab ein abgelegenes Toilettenhäuschen und ne Menge am Haus zu reparieren. Doch uns war das egal. So waren wir wenigstens allein für uns. Und es sollte ja nur unsere Bleibe sein, bis unser eigenes Haus bewohnbar war.

Die Lage war unbeschreiblich! Am Rande des Pueblos, mit Blick auf freie Felder und Berge. Wir nutzten nur zwei Räume: einen Schlafraum mit Kamin und eine Wohnküche mit Holzkohleherd. Licht spendeten Kerosinlampen. Möbel und Geschirr waren vorhanden und mussten nur sorgfältig gereinigt werden. Da der Brunnen unbenutzbar war, holte Steve Wasser vom nicht weit entfernten Wassergraben, der sich durch alle Grundstücke zog. So konnten wir auch mal in einer Zinnwanne im sonnenerwärmten Wasser baden. Es war abenteuerlich, doch ich war Campen ja von der Jugend an gewöhnt.

Durch unser mit Batterien betriebenes Radio konnten wir von zig Sendern tolle Musik auswählen, ein Riesen-Gegensatz zur damaligen *„Tanz- und Unterhaltungsmusik"* auf deutschen Sendern.

Falkos „Kommissar" und *Peter Schillings „Major Tom"* liefen zu jener Zeit in den USA in Dauerschleife.

22. San Geronimo Fest

Am 30. September eines jeden Jahres wird das *San Geronimo Fest* gefeiert, als Dank für die Geschenke der Natur.

Die Lehmbauten waren längst frisch verputzt worden, und Unmengen von Lebensmitteln waren herbeigeschafft. Ich hatte wochenlang am Küchentisch an einem jeansblauen Lederkleid per Hand genäht und eine rotweiße Rosenborte aus Perlen gewebt. Wir wollten am Festtag nämlich unsere Einladungen zur Hochzeit verteilen. Innerhalb von drei Monaten mussten wir ja laut Gesetz verheiratet sein.

Bei Sonnenuntergang hatte es am Abend zuvor den *Sundown Dance* gegeben. Steve und ich beobachteten alles vom Dach des Hauses seiner *Sandoval*-Großeltern aus, die uns ins Herz geschlossen hatten.

In dieser Nacht schliefen wir im Wagen vor dem elterlichen Haus, welches lediglich aus zwei Räumen bestand, während der Feiertage aber mehr als zehn Personen beherbergte. Ihre Behausung war sauber und trotz der Enge gemütlich. *Dreamcatcher*, Zeichnungen, Familienfotos und allerlei handwerkliche Arbeiten zierten die Wände. Plastikblumen standen auf dem Buffet. Eine Zederntruhe mit Festkleidung stand mitten im Raum zwischen Sitz- und Schlafstätten.

Die Familie hatte mich sehr warmherzig empfangen und stellte viele Fragen, denn einige Pueblo-Männer waren in der Armee in Deutschland stationiert gewesen. Sie hatten von den guten Erfahrungen mit der Bevölkerung berichtet - Winnetou sei Dank!

„So, how is Germany?" Diese Frage sollte ich noch oft hören.

Rosies kleine Tochter *Violet*, die aussah wie eine süße Indianerpuppe, lachte mich mit ihren großen, schwarzen Kulleraugen an, wich keinen Augenblick von meiner Seite und nannte mich ab da nur noch *Margret* (?).

Wir saßen in der wuseligen Wohnküche am Tisch, der mit einer von Messern zerritzten Wachstuchdecke bedeckt war. Es wurde für den nächsten Tag fleißig geschnippelt und gekocht, und ein Duft von geröstetem Chile zog durch die Räume.

Draußen wurden unterdessen Brote und Blechpfannen, in denen *Pies* gebacken wurden, mit Paddeln aus dem heißen *Horno* geborgen. Alle Familien erwarteten zahlreiche Gäste aus der Stadt und von weither für das Fest. Ich durfte schon mal vorab typische Gerichten wie *Pasole*, eine Maissuppe mit Schweinefleisch, und *Chilestew* mit Kartoffelsalat kosten. Lecker! Als Getränke gab es knallbuntes *Kool Aid*. Später probierte ich noch einen köstlichen Brotpudding mit Zimt, Rosinen und mit Käse überbacken. Er wurde meine Lieblingsspeise.

Ich war auf das Fest gespannt wie ein Flitzebogen.

Am klirrendkalten, noch stockfinsterem Morgen des Festtages waren Steve und ich von seiner Schwester Rosie geweckt worden. Nur mit einem *Chuähmu*, dem Lendenschurz, und Mokassins bekleidet, huschte Steve schlotternd zum Zentrum des Pueblo-Platzes, wo am Tag zuvor ein etwa achtzehn Meter hoher geschälter Kiefernstamm in die Erde gelassen worden war. Rosie und ich linsten um eine Hausecke, um zu beobachten, wie er dort wieselflink hinaufkletterte. Mit Hilfe eines umgehängten Seils beförderte er nach und nach schwere Bündel mit Erntegaben - ein geschlachtetes Schaf inbegriffen

- um sie oben an einer Querstrebe an der Stammspitze zu befestigen. Von unten schrien Männer aufgeregt Unverständliches durch die Dunkelheit zu ihm hinauf.

Es war gespenstisch. Ich hatte Angst um meinen Morning-Rain, der jedoch nach getaner Anstrengung durchgefroren, aber wohlbehalten zurückkam.

Sobald es hell wurde, rief ein *Caller* vom obersten Adobe-Stockwerk. Kinder und Frauen, eingepackt in buntgewebte Wolldecken, strömten zum Dorfplatz. Manche verbargen Babys unter ihren Umhüllungen. Auch ich war in eine warme, buntgemusterte Wolldecke mit Fransen eingewickelt worden, bevor wir losmarschierten. Jeder brach in Lobeshymnen aus, als sich herumgesprochen hatte, dass Steve diesen Kletter-Kraftakt fertiggebracht hatte. Dazu erkundigten sie sich schüchtern nach mir, um mir danach wohlwollend zuzunicken.

Fähnchen aus grauem Rauch stiegen aus allen Kaminen in die eisige Morgendämmerung. Wir kletterten über Pueblo-Leitern auf die Dächer der Nordseite, während sich Besucher auf dem festgestampften Boden neben einem ausgetretenen Pfad unten versammelten. Ein schnurgerader Rennweg war gesäumt von Männern, die nichts anderes als Lendenschurz und schwarze und weiße Aschebemalung trugen, an der feine weiße Federn hafteten. Der Anfang der Rennstrecke begann unter einer Empore, auf der die Stammesältesten, auf ihre Regierungsstäbe gestützt, Platz genommen hatten. Die Galerie war mit einem herbstlichen Vorhang aus Aspenzweigen dekoriert, die bei jedem kleinen Windstoß ihre goldenen Blätter rascheln ließen. Das Ende des Pfades konnte man weit entfernt gerade noch erkennen.

Plötzlich erschienen von den *Kivas* beider Seiten Unmengen schwarz-weiß-bemalter Männer die sich mit *„Uah, uah"*-Getöse in beide Richtungen aufteilten. Barfuß und ebenfalls lediglich mit Lendenschurz bekleidet.

Meinen MorningRain hätte ich nicht erkannt, hätte er mir nicht fast unmerklich zugezwinkert. Mein Herz pochte wie wild.

Der Wettlauf ging los, angefeuert von den *„Jui-Jui"*-Rufen der Frauen auf den Dächern, die dazu mit ihren Fransendecken wedelten. Ich machte natürlich mit. Die Männer am Rennpfad-Rand trieben die Läufer mit Zweigen an und entfernten zwischendurch kleine Steine.

Hier ging es nicht um einen Sieg. Dieses Ritual sollte der Sonne Energie verleihen, damit sie jeden Morgen von Neuem aufsteigen konnte.

Zum Schluss versammelten sich alle Männer vor der Empore. Sie begannen in Zweierreihen vor den Häusern der Nord-, danach vor der Südseite zu singen und zu tanzten, während Süßigkeiten auf sie herabprasselten. Dann marschierten sie zu ihren jeweiligen *Kivas,* um darin über Leitern in die Unterwelt abzutauchen.

Langsam kroch das Tageslicht heran und begann die Kälte der Nacht zu vertreiben. Die Stadtbewohner fuhren heim, während die *Red Willow People,* das Volk der roten Weiden, wie sich die Taos-Indianer selbst nennen, an die Arbeit machte, Haus, Speisen und sich selbst für die Besucher herzurichten.

Es herrschte eine erwartungsvolle und gelöste Stimmung.

23. Traditionen

Seit hunderten von Jahren war Taos Pueblo bekannt als der größte nördliche Handelsplatz. So stellten die *Tiwa*, sowie Indianer anderer Stämme, hier an diesem Festtag ihre selbstgefertigten Waren aus: Trommeln, Silber- und Türkisschmuck, Satteltaschen, gewebte Decken, Teppiche, Gürtel, Tontöpfe, Gemälde, Perlenarbeiten und *Katchinas*, geschnitzte Geisterwesen.

Dazu gab es Stände mit nichtalkoholischen Getränken und typischen Snacks, wie *Navajo-Tacos, Fried Bread with Honey* und *Frito-Pies*, knackigen Maischips, überzogen mit Chile und geraspeltem Käse.

Als gegen Mittag die Sonne die Berge im Hintergrund zum Leuchten brachte, strömten Besucher in Scharen auf den Dorfplatz und in die Häuser von Freunden und Verwandten. Oftmals fiel man sich lachend in die Arme, man tauschte Neuigkeiten aus und erlabte sich an den traditionellen Köstlichkeiten. Manchmal bildeten sich Warteschlangen vor der Tür, denn die Pueblo-Häuser waren nicht sehr geräumig.

Dann plötzlich erschienen die *Ch'pu-nah*, die heiligen Clowns, auf dem Festplatz. Man konnte sie bereits an ihren unverwechselbaren Rufen und Schreien erkennen. Diese Clown-Tradition war älter als der Christliche Glaube.

Die Clowns waren von Kopf bis Fuß mit breiten Asche-Streifen bemalt und trugen Büschel aus Maisblättern und Stroh auf ihren Köpfen, sowie an Armen, Beinen und am Lendenschurz. Sie rannten kreuz und quer durch die Menge und sorgten dafür, dass Sitte und Ordnung eingehalten wurde. Besonders hatten sie es auf Kinder und junge Frauen abgesehen, denen sie drohten, sie in den Fluss zu werfen.

Näherten sich die Sittenwächter, versuchte jedermann einen harmlosen Eindruck zu erwecken. Dann wiederum brachten sie jeden zum Lachen, oder nahmen „Marktgeld" von den Budenbesitzern ein.

Rosie war bei mir. Wir duckten uns ängstlich weg. Vergeblich! Als mich ein Clown Richtung Fluss zog, hatte ich mächtig Schiss.

Ringsumher wurde gekichert und gefeixt. Kurz vor dem gluckernden Nass, zog er mich jedoch wieder die Böschung hinauf und drückte mir etwas in die Hand. Er deutete einen Schmatzer an und verschwand in der Menge.

Ich glaubte, MorningRain erkannt zu haben und sah, dass ich eine silberne Feuerzeug-Hülse mit Bärenklaue und Türkisen umklammert hielt – die er als „Zoll" einkassiert hatte, wie er mir später erklärte.

Nach einigen Spielchen mit den Besuchern, versuchte ein Clown nach dem anderen vergeblich die Erntegaben vom Lebensbaum herunter zu bekommen. Mal mit Pfeil und Bogen, dann versuchten sie, sich am herunterhängenden Seil hoch zu schwingen und segelten stattdessen im Kreis herum. Oder sie versuchten vergeblich, mit einer Leiter hinauf zu kraxeln. Die Besucher saßen inzwischen in weitem Kreis um den Baum herum und beobachteten lachend das Spektakel. Kinder feuerten die *Ch'pu-nah* an und johlten, wenn sie keinen Meter vorankamen. Doch nach vielen vergeblichen Versuchen, schaffte es plötzlich einer mit gewaltiger Anstrengung, bis zur Spitze hoch zu klettern.

Rosie tuschelte mir zu, dass der Aufsteiger abermals Steve war.

Nun bekam ich Angst, vor allem, als er sich auch noch oben freihändig auf dem Querbalken in die Höhe streckte. Ich mochte gar nicht mehr hinsehen. Mir war schlecht. Ganz langsam ließ er die schweren Bündel am Seil hinuntergleiten. Die Menge war begeistert, obwohl sich einige bange die Augen zuhielten.

Als sich am frühen Abend Finsternis über das Lehm Dorf breitmachte, waren die meisten Besucher bereits wieder auf dem Heimweg. Nun sprach es sich herum, dass in der Turnhalle der Pueblo-Schule bei Dunkelheit ein *Pow-Wow* stattfinden würde. Selten wurde eine genaue Uhrzeit genannt, und so trudelten dort nach und nach die Familien mit ihren übriggebliebenen Freunden ein.

Ein *Pow-Wow* ist ein geselliges Zusammensein mit einem gemeinsamen Rundtanz. Es kann aber auch ein Tanzwettbewerb oder eine Zeremonie für die Natur sein.

Familie Mondragon hatte mich mit Schmuck und einer blumenbestickten Stola, passend zu meinem blauen Lederkleid, ausgestattet. *Tiwa*-Frauen waren in traditionelle Gewänder gekleidet. Einige trugen bestickte Mokassins oder weiße, in Stufen gelegte Hirschleder-Stiefel.

Ein Ansager forderte jedermann auf, mitzumachen. Während Männer auf einer mächtigen Trommel, aus einem mit Hirschleder bespannten *Cottonwood*-Stamm, einen gleichmäßigen Takt anschlugen, erklangen aus ihren Kehlen ähnlich aufpeitschende Gesänge, wie ich sie beim *Fourtyniner* bereits vernommen hatte. Nach und nach stieg das Publikum von der Tribüne, um im Takt im Kreis herum zu trippeln.

Selbst die Kleinsten hoppelten mit. Jeder hielt ein Pläuschchen mit seinem Nachbar-Tänzer, lachte und hatte Spaß.

„Tah-Ah!" Danke, dass der Tag so schön verlaufen war.

Steve war inzwischen auch eingetrudelt, und nach und nach haben wir die restlichen Hochzeitseinladungen verteilen können. Zwischendurch schnappte er mich, um mit mir eine Runde zu tanzen. Mit hochrotem Gesicht versuchte ich, die Schrittfolge so entkrampft wie möglich einzuhalten.

Ich wusste ja, dass alle Augen auf uns gerichtet waren. Das war wohl seine Art, mich seinen Leuten vorzustellen.

Entspannung kam erst bei mir auf, als Steve seine Cousine *Ginger* entdeckte, die in einem perlenbestickten weißen Lederdress stolz neben einem hochgewachsenen blonden Mann tanzte. Sie war wunderschön. An ihren Zöpfen hingen lange Hermelinfelle. Der Beau, mit dem sie lachend plauderte, trug, trotz Turnhallen-Beleuchtung, eine verspiegelte Pilotenbrille, über die sein etwas längeres Haar fiel. Ich konnte es nicht glauben: es war tatsächlich *Peter Fonda*, der Sohn von *Henry Fonda* und der *Captain America* aus dem *„Easy-Rider"-Film,* dessen Movie-Szenen u.a. hier im Pueblo gedreht wurden. Wie ich erfuhr, kam er wohl öfter vorbei und war ein gerngesehener Gast.

Nach dem Dreh des Kult-Films hatte er jedoch keinen Kontakt mehr zu *Dennis Hopper,* obwohl der seit Jahren in Taos hauste.

24. Hochzeit und Geburt

Sofort nach dem Fest arbeitete ich in jeder freien Minute an Leder- und Perlenarbeiten. Bis zu unserem Hochzeitstag mussten Borten für eine weiße Leder-Weste, -Tasche und -Stiefel, passend zu meinem türkisfarbenen Kleid, das ich aus Deutschland mitgebracht hatte, fertig werden. Dazu ein Paar Ohrringen, deren neue Machart ich mir kurz zuvor ausgedacht hatte. Steves hermelinbesetzte und perlenbestickte Lederweste hatte ich bereits vollendet.

Zuvor war ich der katholischen Kirche beitreten, und wir hatten beide unsere vorangegangenen Ehen annullieren lassen müssen.

Wir gingen gern in aller Frühe zur sonntäglichen Messe in die kleine heimelige Pueblo-Kirche. Auf dem Weg dorthin atmeten wir die klare Morgenluft ein, vermischt mit dem Duft des ersten Kaminrauchs. Hunde taumelten schlaftrunken hinter uns her, und der Himmel begann sich von der aufsteigenden Sonne hinter den Bergen rosa zu färben. Im Altarraum knisterte und knackte der kleine Bollerofen, und es war bereits kuschelig warm. Bis zur Nase in bunte Decken gehüllte Gesichter begrüßten uns freundlich. Gitarrenklänge von der Empore erfüllten uns mit Dank und Vorfreude.

Nach dem Gottesdienst lehnte jedermann an der von Sonnenstrahlen gewärmten Adobe-Mauer, die die Kirche umgab. Vor uns, in eine Decke gehüllt und mit Regierungsstab, berichtete ein Beamter in *Tiwa* mit gedämpfter Stimme von Geschehnissen der vergangenen Woche und Änderungen, die anstanden. Ich verstand kein Wort, aber das Gebrabbel, zusammen mit dem Plätschern des nahen Pueblo-Flusses, währenddessen in die Arme meines Liebsten gekuschelt, waren Gänsehautmomente für mich, die ich niemals vergessen werde.

Steves Kinder, Marsha und Sammy, die seit meiner Rückkehr aus Deutschland wieder im *Santo Domingo Pueblo* wohnten, kamen ab und zu fürs Wochenende zu Besuch. Wir hatten Spaß und gingen zusammen auf Klettertour, zum Angeln, Picknicken und ins Kino.

Ich habe sie beide in dieser Zeit sehr liebgewonnen. Jedoch unserer Hochzeit beizuwohnen, wurde ihnen bedauerlicherweise von ihrer Mutter nicht erlaubt. Dafür bot sich *Tonita*, die kleine Tochter von Verwandten, erfreut als Blumenmädchen an.

Eine Hochzeitstorte in Weiß und Türkis wurde bestellt, dazu die passenden Servietten und Dekorationen, inklusive Brautstrauß. Als Trauzeugen wählten wir den *Cop Jerry O.* aus, zusammen mit seiner temperamentvollen Frau *Shirley* aus *Kentucky*. Bei ihnen fand bald danach auch der *Bridal-Shower* statt – ausschließlich mit Frauen. Steves Mutter, Schwestern, süße Großmütter, Tanten und Cousinen waren alle anwesend. Sie brachten Selbstgekochtes und -Gebackenes in etlichen Variationen mit. Vor Aufregung bekam ich allerdings kaum etwas von den Köstlichkeiten herunter. Darüber hinaus erhielten wir viele Geschenke für die Aussteuer.

Es wurden allerlei Reden in *Tiwa* gehalten und für mich übersetzt: ‚Jetzt sei ich eine von ihnen, sei mit allen verwandt, und sie würden jederzeit für mich da sein.'

Da brachen bei mir alle Dämme, und ich heulte nur noch vor Glück und erfüllt von dem Gefühl vollkommener Geborgenheit. Bereits die Männer der Familien hatten sich seit meiner Ankunft überaus freundlich, respektvoll und höflich mir gegenüber gezeigt. Unglaublich, nun besaß ich plötzlich eine solch große Familie.

Steve feierte zur gleichen Zeit mit Arbeitskollegen seinen *Bachelor-Abschied* an den heißen Quellen, die dem nahegelegenen Rio Grande entsprangen. Danach berichtete er voller Stolz, dass er trotz einiger Angebote, weder Alkohol noch *Dope* angerührt hatte.

Am allerersten Abend unserer Begegnung hatte ich ihm bereits klargemacht, dass diese Dinge in meinem Leben keinen Platz hätten. Es gab zudem viele Abhängige im Pueblo. Seit jenem Tag hatte er nichts davon mehr zu sich genommen, und er war sehr stolz darauf.

Hochzeitsmorgen. Ich war nervös und flennte dauernd aus heiterem Himmel los. Wir fuhren zum Duschen und Blumen abholen. Steve raste umher, um eine Adlerfeder für sein Haar aufzutreiben. Das Auto eines Onkels wurde noch gewaschen und mit Papierrosen geschmückt. Und plötzlich… stand meine Schwester mit Freund aus der Schweiz vor der Tür, beladen mit „*Stern*"-Magazinen, *Lindor*-Kugeln und Schweizer Käse. Mann, das war der Hammer!

Dass meine Eltern nicht kommen konnten, hatte ich bereits gewusst. Steves Elternhaus war über Nacht geschmückt worden, und die Spitzengardinen, die ich aus Deutschland mitgebracht hatte, waren aufgehängt. Es wurde bis zur letzten Minute geräumt, gebrutzelt und gebacken. Fünf Minuten vor der Trauung haben wir uns dann endlich angezogen und sind im geschmückten Auto losgebraust.

Es war der 9. Oktober. Unsere Befürchtungen, dass es regnen oder kalt sein würde, traten nicht ein.

Die Sonne lachte den ganzen Tag lang! *Onkel Howard* geleitete mich zum Altar, das Blumenmädchen *Tonita* vorne weg. Ich trug MorningRains Hochzeitsgeschenke: einen breiten Silbergürtel mit eingelassenen Türkisen. Dazu eine rote Fransen-Stola mit applizierten weißen und türkisfarbenen Rosen.

Zusammen mit meinem Lederoutfit sah alles ganz toll aus, und ich wurde bestaunt und mit Komplimenten überhäuft.

Unsere Trauung, vom lustigen *Father Ed* vollzogen, verlief dann wunderschön und sehr ruhig. Ruhig, weil wir keine Musiker in all der Hektik gefunden hatten. Und das Gedudel eines Kofferradios wollten wir uns nicht antun.

Dafür wurde nach der Eheschließung ein Spalier von vielen fröhlichen Familienmitgliedern und Gratulanten gebildet, deren Blütenblätter und Reis auf uns niederprasselten. Das alles unter einem strahlend blauen Himmel mit dicken weißen Quellwolken.

Wer hätte das alles vor einem Jahr gedacht, als ich diesen Ort mit Darlene zum ersten Mal betrat…

Im Familien-Domizil stapelten sich Geschenke und weiße Umschläge, während in mehreren Schichten gefuttert, dabei gelacht und geplaudert wurde. Es stand noch eine Warteschlange vor der Tür, als wir mit den engsten Angehörigen und Trauzeugen zum Nachbarhaus von Tante *Mirabal*, *Tonitas* Großmutter, gerufen wurden.

Dort wartete der Gouverneur des Pueblos. Er belehrte und ermahnte uns etwa eine Stunde lang, was wir in unserer Beziehung zu tun und zu lassen hätten, damit unsere Ehe von Bestand sein würde. Respektvoll lauschte jedermann, und im Flüsterton wurde übersetzt.

Zurück im Elternhaus packten wir unter vielem Gekicher und „Ahs" und „Ohs" die Geschenke aus, einschließlich Decken, Decken und noch mehr Decken.

Meine Eltern hatten uns zur Hochzeit mein gesamtes, restliches Hab und Gut geschickt, darunter Federbetten, die man damals in Taos noch nicht kannte. Leider waren sie noch unterwegs, und so konnten wir Decken gut gebrauchen, denn die Nächte waren bereits eisig kalt.

Wir schnitten die dreistöckige Hochzeitstorte an. Die Krone wurde für den ersten Hochzeitstag in der Gefriertruhe aufbewahrt.

Als das Dunkel der Nacht aufzog, hörten wir plötzlich ein dumpfes Schlagen von Trommeln, dazu Gesänge aus vielen Mündern. Freunde und Familien eilten, um in einem weiten Kreis aus orangenen Kerzenlicht-Gläsern mitten im Pueblo uns zu Ehren einen *Rounddance* abzuhalten – mit Erlaubnis des Gouverneurs. Wir mittendrin, eingeschlagen in dicke Decken. Wir tanzten unter einem brillantbesetzten Himmel und einem fast vollen Mond. Es war sooo romantisch, berauschend und himmlisch. Einfach unvergesslich!

Punkt 22 Uhr holte uns der *War-Chief* mit Rufen auf die Erde zurück.

In dieser Hochzeitsnacht wurden der kleine *Navajo/Pueblo*-Junge *David* geboren. *Jeanette* und *Paul*, seine Eltern, wählten Steve und mich als Pateneltern aus. Aus Dankbarkeit, dass Steve dem Vater in seiner Alkoholsucht und mit einer Arbeitsbeschaffung geholfen hatte, kam uns nun diese große Ehre zuteil.

Seitdem sind wir Pauls und Jeanettes Bruder und Schwester, *Comeili* und *Compeili*, und Ersatzeltern für den kleinen *David*.

Und wieder gab es ein Fest. Wir durften David 24 Stunden lang behalten, ihn allen vorstellen und den süßen Jungen überall herumzeigen.

Noch heute lässt er hin und wieder von sich hören.

25. Der allerschönste Platz auf Erden

In Albuquerque hatten wir zuvor das größte *Balloon-Festival* der Welt bestaunt, bei dem 500 bis 600 (!) Heißluftballons gleichzeitig aufgestiegen waren. Alle möglichen kunterbunten Figuren und Gebilde schwebten fast gleichzeitig am frühen Morgenhimmel. Zudem gab es nachts den *„Balloon-Glow"*, bei dem man zwischen den vielen verankerten, aufgeblähten und bunt leuchtenden Luftschiffen umher wandeln konnte. Es war wie im Märchenland!

Mit meiner *Greencard* war es nach der Hochzeit im Immigrations-Büro in Albuquerque ganz fix gegangen: Papiere ausgefüllt, Heiratsurkunde vorgelegt und den Beamten zum Angeln auf Pueblo-Land eingeladen. Der war begeistert!

MorningRain war inzwischen zum Drogen- und Alkohol-Berater des Pueblos ernannt worden. Er war ein leuchtendes Beispiel für Abstinenz. Denn selbst, wenn er in *Ogelvies' Bar* wartete, um mich von der Nachtschicht abzuholen, lehnte er jegliche Einladungen zum Trinken ab. Er kümmerte sich dazu um diejenigen, die aus der *Rehab* entlassen wurden, Familienmitglieder eingeschlossen. Mit einem eigenen Büro im Pueblo konnte sich Steve nun seine Zeit selber einteilen. Ich war sehr stolz auf ihn.

Wir hatten es uns in unserer Kate am Rande des Pueblos inzwischen schön gemütlich gemacht. Alles was wir brauchten war vorhanden. Wärme, Liebe und Lachen inbegriffen.

Steve ging fette Lachsforellen *„German Brown"* angeln. Wir bekamen ab und zu ein Stück Elch- oder Hirschfleisch geschenkt, das ein Verwandter erjagt hatte.

Dünngeschnittene, marinierte Fleischlappen, *Deer-Jerky*, hingen wir zum Trocknen auf eine Leine.

Nachts fuhren wir zusammen über die Steppe und machten uns auf Hasenjagd. Einer saß am Steuer, der Andere schwang sich aufs Truckdach. Durch die Auto-Scheinwerfer geblendet, erstarrten die Mümmler, und wir konnten sie mit dem Gewehr, das ich Steve zur Hochzeit geschenkt hatte, erlegen. Mein Liebster war zunächst erschrocken, dass ich so gut schießen konnte, denn er konnte ja nicht ahnen, dass ich als Teenager aktiv im *TSV*-Schießverein gewesen war.

So gab es manch leckeren Braten, auf dem Holzkohleherd geschmort. Hasenpfötchen, mit bunten Perlen bestickt, wurden zu Schlüsselanhängern verarbeitet und ergaben schöne Geschenke.

Bei jedem Essen wurde der Toten gedacht. Eine kleine Portion der Speisen, sowie ein Schlückchen, bekam dazu *Mutter Erde* ab.

Neben Martina und Ilse gab es noch weitere Deutsche in der Stadt: Heinz, ein Landschaftsmaler, die Supermarkt-Kassiererin Anita und Manfred, ein alter verknöcherter Barmann und Hausbauer. Der Sohn eines Nazis traute sich nie mit seinem uralten Käfer über Taos' Grenzen hinaus, da er Angst hatte, man würde ihn einfangen und nach Berlin zurückbringen. Weil er sich kaum etwas gönnte, hatte er Geld wie Heu, das er zuhause unter seinen Teppichen versteckte. Einmal kam er nachhause, nachdem eine Wasserleitung geplatzt war. Da schwammen die ganzen schönen Dollarscheine in der Wohnung herum. Was für ein Kauz! Zu Beginn hatte ich mich mit ihm gezofft, dann haben wir uns jedoch bald gegenseitig ins Herz geschlossen.

Immer wieder tauchten deutsche Touristinnen auf, die von mir, der Deutschen, die mit einem Indianer verheiratet war, erfahren hatten. Angeblich seien sie im früheren Leben auch *„mal Indianer gewesen"*. Es nervte erheblich! Später bekamen wir dennoch von ihnen Päckchen mit deutschem Weihnachtsgebäck zugeschickt.

Inzwischen hatte es massenhaft geschneit. Die Luft biss mit trockenem Frost in unsere Nasen. Eine weiße Decke verschluckte alle Geräusche. Es war die Zeit der Ruhe.

Die Weihnachtssaison begann, und mitten auf der Plaza der Stadt wurde ein mächtiger, reichlich geschmückter Weihnachtsbaum errichtet. Sämtliche Straßenlaternen waren mit Kiefernzweigen dekoriert, die riesige rote Schleifen trugen. Auf allen Mäuerchen und Adobe-Dachrändern waren *Farolitos* aufgereiht, Papiertüten, die halb mit Sand gefüllt waren, in dem Kerzen steckten.

Im Pueblo hatten fleißige Männer den Schnee von Dächern und dem Dorfplatz fortgeschaufelt. Nun bauten sie auf beiden Seiten des halbzugefrorenen Flusses hohe Türme aus harzhaltigen Kienholz-Scheiten. Am Heiligen Abend vor der kirchlichen Messe wurden diese *Bonfires* angezündet, sodass Qualm-Spiralen und leuchtende Funken gen Himmel stoben. Unzählige Leute trafen sich an den Feuerstellen, wärmten sich und wünschten sich gegenseitig *Merry Christmas*. In der Kirche saßen die Dorfbewohner dicht gedrängt in ihren bunten Decken und lauschten der Andacht. Es wurden inbrünstig Weihnachtslieder, wie wir sie aus Deutschland kennen, in Spanisch oder Englisch gesungen. Diese Atmosphäre, der Duft der Feuer und eine Prise Heimweh dazu, lösten bei mir wieder mal Sturzbäche aus.

Die Berggipfel leuchteten in der klaren Luft vom frischgefallenen Schnee. Das Wasser des Rio Pueblo blubberte unter einer dicken Eisschicht. Bald bimmelten die Kirchenglocken, und die Menschen bildeten eine Gasse vor dem Eingang. Eine Prozession mit der Jungfrau Maria, auf einer weiß-überdachten Sänfte getragen, bahnte sich einen Weg durch die Menschenmenge. Dazu wurde mit Gewehren in die Luft geschossen, um böse Geister zu vertreiben. Selbst auf den Dächern standen in Decken gehüllte Männer, ballerten in Richtung der Sterne.

Zuhause wartete eine Menge Süßigkeiten und Geschenke, und von den jährlichen Einnahmen des Pueblos bekam jedes Stammesmitglied einen Scheck. Statt Weihnachtsgans gab es einen achtzehn Pfund schweren Schinken, ein Geschenk von Steves altem Arbeitsgeber. Dazu Rotkohl *„German Style"*, wovon jeder begeistert war.

Am nächsten Morgen wurde zu den Klängen einer Fiedel der *Mattachine-Tanz* aufgeführt, ein uralter *moorisch*-spanischer Brauch. Es wurde sehr mystisch, als die kleine weißgekleidete Jungfrau zwischen düsteren Männern in verzierten Masken zu den Trommelschlägen herumhüpfte. Indianer und Spanier waren stark verbunden durch eine reiche Tradition und einen starken Glauben.

Taos Pueblo ist und bleibt für mich der allerschönste Platz auf Erden – besonders zur Weihnachtszeit!

26. Die Kinder und weitere Lieblinge

Die Mutter von Samuel Lee und Marsha Dee geriet mal wieder in Schwierigkeiten, und so holten wir die Kids endgültig vom Santo Domingo Pueblo ab. Marsha war sehr hübsch, schüchtern und lieb.

Seit dem 1960er Musical „Hair" hatte ich mir eine Tochter namens Marsha (*Marsha Hunt*, die Schauspielerin) gewünscht – eigenartig, oder? Sammy war zuckersüß und anhänglich, hatte es aber faustdick hinter den Ohren, wie wir nach und nach herausfinden mussten!

Die Beiden brachten NICHTS mit. Wir haben sie neu eingekleidet, ihnen Schulsachen gekauft und sie eingeschult. Sie lebten sich schnell ein und hatten bald eine Menge Freunde.

Meist schliefen wir zu viert in einen Raum, was kein Problem war. In der Frühe vor dem Haus glitzerten trockene Halme und Kürbisranken silbern vom Raureif. Ich liebte und genoss dieses einfache Leben.

Tagsüber spielte ich Hausfrau, versorgte die Kinder bis Steve nachhause kam. Ich sammelte wilde Pflaumen und *Choke-Cherries*, um daraus Marmelade zu kochen – *Yummy*! Abends brachten mich die Drei zu Ogelvies zur Nachtschicht.

Wir adoptierten eine kleine Katze, von den Kindern *Mickey Mouse* getauft. Ihre Anwesenheit half, den Besuch von handtellergroßen Taranteln, Mäusen, sowie Klapperschlangen zu beenden. Es kamen nachts auch mal Bären vorbei, deren Kot mit Beerensamen wir direkt vor unserer Tür fanden. Komischerweise hatte ich nie Angst.

Bald entdeckten wir zwei Hunde vor dem Supermarkt, die mit anderen in einem Karton zum Verkauf für je fünf Dollar lagen: einen Schäferhund und einen schwarzen Labrador. Steve hatte für sie gleich zwei Namen parat: *Winnetou* und *Paco*.

Die Kids und ich waren ja tagsüber allein, und da unser Haus sehr abgelegen war, konnten wir nun sofort hören, wenn jemand in der Nähe auftauchte. Sie erwiesen sich als die treuesten und anhänglichsten Wachhunde. Wenn wir mit dem Truck losfuhren, sprangen sie auf die Ladefläche und hielten die Nasen in den Wind.

Leider steckte sich Winnetou schon bald bei nichtgeimpften Pueblo-Hunden mit der Staupe an und musste eingeschläfert werden. Wir heulten Rotz und Wasser. Paco blieb Gott-sei-Dank verschont.

Kurz darauf ließ mich Steve eines Abends aus der Küche des Restaurants holen und meinte:

„Das hier habe ich heute gegen einen Schlüsselanhänger getauscht."

Er öffnete seine Lederjacke, und in der Brusttasche saß ein winziges schwarzes Wollknäuel, ein Mini-Hundemädchen. Ich konnte es nicht fassen: es war das süßeste Geschenk, was ich je in meinem Leben bekommen habe. Sie wich nie mehr von meiner Seite.

Sie jagte imaginäre Pferde durch die Nacht. Die großen Hunde spielten das Spiel mit und jagten hinterher.

„Du bist doch ein richtiges kleines *Monster*…" – so hieß sie dann auch.

Sie gehorchte auf jedes deutsche Wort, lief dicht an meinen Beinen stets ohne Leine und ließ sich nie von Fremden anfassen.

Im Winter war es besonders schön, wenn nachts dicke, vom Mondlicht erleuchtete Schneeflocken ganz langsam zur Erde taumelten. Die Spitzen der Sagebüsche sahen dann wie aufgebauschte Wattebällchen aus, und die glitzernden Kristalle reflektierten das Licht. Im Schnee musste Monster von Fußstapfen zu Fußstapfen hüpfen, weil sie so winzig war. Da trugen wir sie natürlich in der Jackentasche umher.

Manchmal kamen wir nachhause, und da standen wirklich zig Pferde vor unserem Haus. Fast jeder Indianer hat Pferde, lässt sie aber frei irgendwo auf der Steppe herumlaufen. Vor dem Winter werden alle Tiere dann zusammengetrieben, und jeder muss seine eigenen Pferde, wenn der Schnee die Weiden bedeckt, selber versorgen.

Dagegen blieb die gewaltige, wilde Büffelherde eingezäunt auf einer Weide. Man ging besser nicht zu nah ran, vor Allem wenn sie Junge hatten. Diese Herde gehörte dem ganzen Stamm, und für Feierlichkeiten wurde ab und zu mal ein Tier geschlachtet. Der irre schwere Kopf wurde für Tanz-Zeremonien *(Buffalo-Dance)* präpariert.

Wir hatten uns sogar zwei Schweine angeschafft: *George,* nach dem unbeliebten Pueblo-Polizisten George benannt, und *Prince.*

George war zum Schlachten auserkoren, gemästet durch gute Futterabfälle aus dem Restaurant. *Prince* war ein winziges schwarz-weißes Schweinchen - sehr süß und schlau. Es hörte auf Kommandos und lief uns stets hinterher.

Wir bekamen es dazu, weil es krank war und nicht mehr wuchs. Nach einem glücklich verlebten Jahr starb Prince eines natürlichen Todes.

Skunks bekommen sicher keine Bestnote für ihren Duft, aber wenn man Stinktiere von der Straße kratzt, nachdem sie überfahren wurden und dabei keine Gelegenheit hatten, ihre Duftdrüse zu entleeren, sind es hübsche, geruchlose Tiere.

Auf dem Weg zur Arbeit begann Steve ein paar Tiere einzusammeln, denn sie haben einen wunderschönen Pelz. Diese Skunks hat er gehäutet, den Balg dick mit Salz eingerieben und im Schuppen auf Brettern zum Trocknen aufgespannt. Irgendwie war es für mich plausibel: wenn ein Tier schon sterben musste, sollte es wenigstens nicht nutzlos gestorben sein. Wenn wir genug Felle haben würden, sollte ein schöner Pelzmantel daraus entstehen.

Ein andermal hielt Steve mir ein Falkenbaby in seiner Hand entgegen.

„Honey, sieh mal, was ich auf der Straße gefunden habe."

„Und was machen wir mit ihm? Soll der uns nun unser Essen fangen?"

Zunächst bestand mein Liebster auf einen ausgefallenen Namen: *„Putzchen"* – der Name der Katze meiner Eltern. Er konnte den Namen ja noch nicht mal richtig aussprechen… *Putschkin…*

In Eile bauten wir diesem *Hawk* einen Käfig aus Latten und Hühnerdraht, füllten ihn mit Reisig und Kiefernzweigen, hinter denen er sich verstecken konnte. Vom Küchentresen aus konnte Putzchen aus dem Fenster sehen. Aus der Restaurant-Küche brachte ich Fleischzipfel mit, die er von einem Arbeitshandschuh zu fressen begann. Er war ein unwirklich schöner Vogel und hatte messerscharfe Krallen. Nach einiger Zeit begann er Runden in unseren zwei Räumen zu drehen. Um ihn zur Hasenjagd abzurichten, fehlte uns leider die Zeit.

Wir behielten ihn bis zum Spätsommer, bis er zu unruhig wurde und jeder Fliege hinterherjagte. Da entließen wir ihn in die Freiheit.

27. Kuriose Erlebnisse

Jede Familie besitzt ein Haus auf dem Indianerland und zusätzlich in der Puebloburg einen Wohnbereich, der seit Jahrhunderten innerhalb der Familien weitervererbt wird. Selten ist er dauerhaft bewohnt. Oft dient er nur noch zum Empfang von Gästen, denn es gibt keinen Strom und kein fließendes Wasser, und das soll für immer so bleiben. Ebenerdige Räume sind nicht selten als Geschäfte eingerichtet.

Wir vier trafen uns mit der ganzen Familie in der engen Lehmhütte der *Großeltern Sandoval*. Es war tüchtig eingeheizt worden. Nach und nach drängelten sich Männer oder Frauen herein, um zu singen und gute Wünsche auszusprechen. Abgelöst von nachfolgenden Besuchern. Sie alle wurden mit Gebäck und Speisen belohnt.

Es war der 6. Januar, der Tag der Heiligen drei Könige.

Vor der Kirche wurde der *Buffalo-Dance* aufgeführt, bei dem Männer mit rotbemalten Körpern, in zottelige Felle und riesige gehörnte Büffelköpfe gekleidet, zu Trommeln und Gesängen tanzten. Sie schwangen Stäbe und Kürbisrasseln im Takt. Frauen reihten sich ein. Stolz trugen sie Kronen aus Tannengrün, Adler-, Fasanen- und Papageienfedern. Dazu hatten sie ihre „*Ein-Schulter-Kleider*" mit viel Silber- und Türkisschmuck behängt. Sie waren wunderschön anzusehen. Die Tänze wirkten mysteriös und bedeutungsvoll.

An jedem Morgen, wenn Steve und die Kinder unser Heim verlassen hatten, setzte ich mich mit einer Tasse dampfenden Kaffees auf einen Baumstamm vor dem Haus und genoss die frische, klare Luft. Die Hunde dösten mit mir in der aufsteigenden Sonne zum Plätschern des nahen Baches und dem

Sing-Sang der Vögel in den Hecken. Vor mir in der Ferne das Panorama der riesigen Bergkette. Leuchtend gelbe Aspen-Gruppen sprenkelten die Kiefernhänge wie riesige Sonnenblumen. Von weitem hörte man Kettensägen rattern und Coyoten kurz bellen, dann kichern. Schmetterlinge tanzten. An jedem angehenden Tag machte mich das glücklich!

Eines Morgens pfiff jemand, wie man einem Mädchen hinterher pfeift. Ich suchte, konnte aber niemanden entdecken. Es gab ja auch nichts, wo man sich hätte verstecken können. Am nächsten Morgen das Gleiche, und am übernächsten wieder… MorningRain erzählte ich nichts davon, um seiner immer wiederkehrenden Eifersucht keinen Zunder zu geben. Unsere Beziehung war von Anfang voller Liebe und Leidenschaft, aber auch sehr explosiv.

Morgen für Morgen versuchte ich den Pfiffen auf den Grund zu gehen, bis ich in der Laubkrone eines fernen Baumes eine Elster entdeckte, die mich mit diesem Pfeifton begrüßte. Bald wurde sie allerdings so zutraulich, dass sie jeden Happen Essen, von dem ich mich gedankenlos abwendete, stibitzte. Danach trippelte der Frechdachs mit schräggestelltem Kopf vor mir auf und ab.

Eines Tages klopfte es an unserer hölzernen Eingangstür mit dem Fliegengitter. Steve schlief im Hinterzimmer, also ging ich zur Tür, um nachzusehen. Selten hatte sich jemand zu unserem abgelegenen Heim verirrt, deshalb war ich neugierig. Ein großgewachsener, hagerer Mann in *Army-Outfit* und mit einer *Army-Mütze* stand davor, lugte freundlich ins Haus hinein, schaute umher, sagte etwas auf Tiwa und nickte wohlwollend. Da ich nichts verstand, ging ich, um Steve zu holen. Als wir wieder zur Tür kamen, war der Hüne verschwunden. Wir liefen suchend um das Haus, doch es gab weit und breit keine Möglichkeit, in Deckung zu gehen. Er blieb wie vom Erdboden verschluckt.

Als ich den Besucher wieder und wieder Steve und seiner Familie beschreiben musste, waren sich alle einig: das war der Geist seines Onkels *„Wandering Spirit"*, der verstorbene Vorbesitzer des Hauses, der nach dem Rechten gesehen hatte. Tagein, tagaus war er zu Lebzeiten in diesen Army-Klamotten herumgelaufen.

Wenn es auch eigenartig war: ich versuchte immer, mich für solche Dinge offen zu halten, die ich nicht verstehen oder erklären konnte. Immerhin - er hatte mich so zufrieden angelächelt, dass ich wusste, dass wir nichts zu befürchten hatten.

Vor unserem Haus lag braungelbes Weideland, großzügig eingezäunt. Dahinter schob sich ein weites Feld aus Geröll und Sand bis an die Kiefernhänge. Wenn ich mit den Hunden dort spazieren ging, fand ich oftmals ockerfarbene Pfeilspitzen. MorningRains Großvater berichtete von Blitzen, die dort sehr oft eingeschlagen hätten. Er gab mir einen *Medicin-Bag.* Darin sollte ich stets einen dieser *Arrowheads* bei mir tragen, um Böses von mir fern zu halten.

Mitten in einer sonst ruhigen Nacht, kläfften die Hunde der ganzen Umgebung. Ich war gerade allein und sah nach, was es sein konnte. Paco lief aufgeregt hin und her. Ich ging näher an einen Abhang heran und wurde von unten von einem immensen grün-türkis-farbigen Licht geblendet, das wieder und wieder enorme Kreise zog. Am nächsten Tag war im Radio von *Aliens* die Rede und es wurde Zeugen gesucht.

In Taos lief ein alter, verwahrloster Mann in rabenschwarzer Kleidung und Hut herum. Sogar seine Haut war schwarz. Er schlurfte, an einen langen Stock gestützt, durch die Gegend. *„El Viejito"*, der Alte, sprach mit niemandem und wurde von keinem belästigt. Als er verstarb, kam heraus, dass er stinkend reich gewesen war. Der Maler *Ed Sandoval* hat ihn - bis heute - auf all seinen wundervollen Gemälden verewigt.

Zu Ostern brachte jedermann seine Tiere in die *St. Francis Church,* um sie dort vom Priester segnen zu lassen. Wir Vier reihten uns mit unseren Lieblingen in die lange Schlange ein. Es war ein ohrenbetäubendes Chaos. Wir haben uns das nie wieder angetan!

Bei den Großeltern Sandoval zum Osteressen eingeladen, erlebten wir eine riesige Überraschung. Sie hatten mitgekriegt, dass ich gerne Gänsebraten (allerdings zu Weihnachten) esse und hatten, um mir eine Freude zu bereiten, ihren „Wachhund", die alte Gans *Maggie,* geschlachtet. Da *Grandma* die Federn so schlecht herausgezupft bekam, hat sie das Federvieh kurzerhand gehäutet. Nun briet das arme Ding schon seit Stunden im Ofen und wurde nicht weich, weil das Fett eben fehlte. Und so gab es letztendlich nur ein vegetarisches Mahl. Es war sooo lieb gemeint, und die versammelte Familie hatte noch lange was zu lachen. Ich werde das niemals vergessen!

28. TAOS my Home

Dort, wo einst das Sommerhaus der Familie gestanden hatte, wollte MorningRain unser Haus bauen. Das alte Gebäude war durch die jahrelange Witterung weggeschmolzen, denn niemand hatte sich mehr darum bemüht, es im jährlichen Rhythmus zu reparieren oder zu verputzen. Der Obstgarten war längst am Wassermangel eingegangen, aber das Grundstück war grandios. Es lag an den Ausläufern der Berge, und man konnte von dort oben auf das gesamte Tal und die *Rio Grande*-Schlucht blicken. Wir träumten davon, im Sommer nachts auf dem Dach zu schlafen - das Glitzern der Lichter der Stadt wie ein Meer von Glühwürmchen unter uns. Und der unendliche Sternenhimmel mit der Milchstraße über uns schien in Reichweite der Hände zu sein.

Taos war wahrhaftig ein verzauberter Ort!

Onkel Howard, der Bruder von Steves Vater, traf ein, um Eckposten zu markieren. Er war ein gutaussehender Mann mit sonnengegerbtem Gesicht und schwarzer Fünfziger-Jahre-Haartolle. Steve hatte bereits begonnen, den Bewässerungsgraben von verwuchertem Gestrüpp zu befreien und Wasser hineinzuleiten.

Onkel Howard schimpfte am laufenden Meter auf Tiwa. Alles, was ich verstand, war: „*Damned Peyote Cult!*" – verdammter Peyote-Kult!

Auf der Heimfahrt fragte ich MorningRain, was *Peyote Cult* bedeutete. Er nuschelte etwas durch die Zähne, aber dieses Mal war ich zu neugierig und ließ ihm keine Ruhe.

„Ach, innerhalb unseres Stammes gibt es eine weitere Religion. Sie wird auch „*Native American Church*" genannt, und nur eine kleine Gruppe der Tiwa gehört ihr an. In deren Zeremonien werden Teile des Peyote-Kaktus eingenommen. Man sagt, dass es dann mit Gebet, Meditation und Gesang zu Visionen kommen soll, die ihnen Richtung, Verbesserung des Charakters und Warnungen von Gott geben. Onkel Howards Fluchen hat etwas mit ein paar Leuten zu tun, die dem Kult angehören und uns Schwierigkeiten machen wollen. Sie wollen nicht, dass wir uns hier niederlassen."

Darüber musste ich erst mal nachdenken.

Bald darauf kennzeichneten wir, wo der erste Raum hinkommen sollte, und Steve fuhr in jeder freien Minute hin, um das Fundament auszugraben und mit Steinbrocken aufzufüllen.

Gleichzeitig half die Familie bei der traditionellen Herstellung der Lehmziegel. Neben dem Haus der Mutter wurden rechteckige Kästen mit einem Gemisch aus Lehmerde, gehäckseltem Stroh und Wasser gefüllt. Die Sonne ließ die Ziegel trocknen und hart werden. Dann wurden die Kästen umgesetzt, erneut gefüllt und auch diese Adobe-Ziegel getrocknet. Es war ein langwieriger Prozess, aber es war auch etwas, was wir mit eigenen Händen erschaffen wollten.

Etwas, auf das wir stolz sein konnten!

Steve hatte inzwischen seinen Job als Alkohol- und Drogenberater aufgenommen und konnte somit kommen und gehen, wie er wollte. Dadurch hatte er auch Zeit, am Hausbau weiter zu machen.

Steve war der Einzige, der unseren Truck benutzte.

Eines Tages fand ich unter dem Beifahrersitz einen Ohrring. Als ich ihn danach fragte, meinte er irritiert:

„Den habe ich für jemand repariert. Ich muss ihn noch zurückgeben."

Ich hatte sofort ein flaues Gefühl im Magen. Meine Gedanken wirbelten durcheinander. Aber ich wollte ihn durch mangelndes Vertrauen nicht vor den Kopf stoßen.

MorningRain war ein einfallsreicher und leidenschaftlicher Liebhaber. Wir waren verliebt, wie am ersten Tag und gingen in der Öffentlichkeit immer Hand in Hand. All die Jahre zuvor hatte ich mich nicht so begehrt und als Frau gefühlt, wie jetzt mit ihm. Er hinterließ mir fast täglich Liebesbriefchen, Wildblumensträußchen, Steine in Herzform und kleine süße Zeichnungen auf dem Küchentisch. Konnte es sein…?
Ich weigerte mich, eifersüchtig zu sein und ihn dadurch von mir zu treiben. Er war doch mein Zuhause. Aber ein komisches Gefühl blieb.

Des Öfteren hatte ich bemerkt, wie er hinter meinem Rücken Mädchen zuzwinkerte. Wenn ich ihn ruhig darauf ansprechen wollte, drehte er den Spieß um und bezichtigte mich, wohl fremdzugehen. Oft steigerte er sich dann in Wutanfälle, und so mancher Streit entbrannte. Also schwieg ich, in der Hoffnung, dass der Fund nichts zu bedeuten hatte.

Aber das Unausgesprochene beherrschte meine Gedanken…

Wie in jedem Jahr fand am zweiten Juli-Wochenende das große Taos *Pow-Wow* statt, zu dem Indianer aus ganz Amerika angereist kamen.

Es wurde auf einem Feld, weitentfernt vom Pueblo veranstaltet. Innerhalb eines weitläufigen Rondells aus Kiefernstämmen, die mit Aspenzweigen bedeckt waren, tanzten unzählige, unglaublich herausgeputzte Wetteiferer unterschiedlichster Stämme. Hier war das Pow-Wow ein Tanz-Wettbewerb, sowie eine soziale Zusammenkunft.

Beim Grand Entry stand jedermann im Publikum auf, Männer nahmen ehrfürchtig ihre Hüte ab. Alle Teilnehmer zogen sodann zu Getrommel und Gesängen dichtgedrängt ihre Runden. Vorneweg die Stammesältesten, die Stäbe mit Adlerfedern und Banner der anwesenden Indianerstämme trugen. Dazu die Flaggen der USA, sowie die von New Mexico mit dem *Zia-Sign*, dem Sonnen-Symbol.

Die Besten der verschiedenen Kategorien, wie z.B. Reifentanz, Adlertanz, Rundtanz und das schönste Kostüm, wurden von einer Jury auserkoren und mit ansehnlichen monetären Preisen belohnt.

Zwischendurch wurden auch Zuschauer aufgefordert, einen *Round-Dance* mitzutanzen, sehr zum Vergnügen der Pueblo-Bewohner. Die kicherten leise, wenn jemand unkoordiniert umher hoppelte.

Unter der Überdachung waren an verschiedenen Plätzen riesige Trommeln mit jeweils einer Hand voll Sänger platziert, deren Trommeln und aufpeitschende Gesänge bis in die Ferne zu hören waren. Sobald ein neuer Tanzwettbewerb von der hohen, den gesamten Platz überschauenden Tribüne angekündigt wurde, gesellten sich weitere Sänger von anderen Nationen zu ihnen.

Unter den schattigen Unterständen saßen fröhlich schwatzende Pueblo-Bewohner mit ihren Gästen auf Campingstühlen, viele eingehüllt in buntgemusterte *Beacon-Decken*. Jedermann hatte sein schönstes Sonntags-Outfit an und seine beste Laune mitgebracht.

An Verkaufsständen waren Schmuck und kunstvolle Arbeiten zu bestaunen. Kinder tobten vor den Buden mit Spielzeug herum.

Von den Speiseständen her duftete es nach *Fry Bread, Chile und Candy-Apples,* dass einem das Wasser im Munde zusammenlief.

Es klapperten Hornasseln, klimperten Glöckchen und *Jingles,* die trichterförmig aus Blechdosen-Deckeln gerollt und dann an den Hirschlederkleidern der Frauen angebracht worden waren.

Überall stolzierten Tänzer umher. Eine Farborgie aus bunten Wollfäden, Fransen, Perlenarbeiten, Tanzshawls und Kopfschmuck mit Adler- und Fasanenfedern bewegte sich auf dem gesamten Festplatz. Im Hintergrund standen Vehikel aus aller Herren Länder. Zelte und Tipis waren dort ebenso aufgestellt, denn das Fest dauerte drei Tage.

Die entfernten, majestätischen Berge leuchteten im Sonnenlicht und wechselten im Laufe des Tages ihre Farben - von rosa, orange, rot bis lila. Was für eine Wahnsinns-Kulisse! Am Abend wurde die Arena bestrahlt, und der Sternenhimmel lag wie eine funkelnde Glocke über allem. *Magic!*

Ebenfalls im Juli fand in der Stadt Taos auf der Plaza die *Spanische Fiesta* statt. Mit Oldtimer-Umzügen, vielen Leckereien und einem quietschenden uralten Karussell für die Kids. Auf der *Gazebo,* der kleinen überdachten Bühne in der Mitte des Platzes, wurde *Mariachi*-Musik mit spanischen Gesängen, sowie Tänze in farbenprächtigen Kostümen vorgetragen. Natürlich war die zuvor gewählte *Fiesta-Queen* allgegenwärtig. Man traf viele Leute, die man kannte und lange nicht gesehen hatte, plauderte, und auch die Kinder hatten einen Superspaß.

Die Plaza war vollgestopft mit Menschen. Es war laut, bunt und quirlig. Jedermann hatte sich das ganze Jahr auf die Fiesta gefreut.

29. Kiva-Nächte

Zwischen dem achten und zehnten Lebensjahr steigen die Pueblo-Jungen in die *Kiva* hinunter. Mädchen bei Geschlechtsreife.

Die *Kiva* ist die unterirdische Kirche, das Symbol der weiblichen Fruchtbarkeit. Dort unten in den Zeremonienräumen brennt das heilige Feuer. Es werden Geschichten überliefert, die uralte Sprache wird weitergegeben, Heilungsriten und soziale Zusammenkünfte vollzogen, wichtige Entscheidungen getroffen und Gebets-Versammlungen abgehalten. Die jungen Männer werden in die Geheimnisse der indianischen Religion eingeweiht. Wenn sie achtzehn Monate danach – exakt zum Zeitpunkt der religiösen Zeremonien am heiligen *Blue Lake* – aus dem Untergrund wiederauftauchen, sind sie zum zweiten Mal geboren worden. Dieses geschieht in dem Bewusstsein, Teil des Kosmos und eines bedeutenderen Lebens zu sein.

Am Boden der Kiva befindet sich ein Loch zwischen Wand und Feuerstelle: das *Sipapu*. Es ist, laut Glaube der Tiwa, der symbolische Zugang zu den vier Unterwelten, durch den sie die Welt betreten haben und wieder verlassen werden.

Etwa alle zehn Jahre werden die Männer aufgerufen, dieses Training einen Monat lang zu wiederholen. Während dieser Zeit dürfen sie sich keinen Weißen, keiner Frau, nicht bei Tageslicht und nicht in der Öffentlichkeit zeigen. Sex ist verboten.

Oft hatte ich in der Morgen- und Abenddämmerung Gestalten an unserem Haus vorbeihuschen sehen. Aber ich schaute nicht hin, denn ich wusste, sie waren auf dem Weg zu einer wichtigen Aufgabe.

Sie trugen handgenähte Mokassins aus Stiefeln, deren Sohlen abgetrennt und mit Hirschleder besetzt worden waren und nur einen Lendenschurz, den *Chuäh-muh*. Eine erdfarbene, kratzige Wolldecke hüllte sie ein.

Materialien und Speisen aus der Neuzeit waren verboten.

Sie ernährten sich von selbsterlegtem Wild, handgefangenen Forellen und selbstangebautem Gemüse. Dazu gehörten blauer Indianer-Mais, Kürbis, Rüben und Papierbrot, auf einem heißen Stein gebacken.

Marsha und Sam waren in den Ferien im Santo Domingo Pueblo, als MorningRain an der Reihe war, einen Monat lang abzutauchen.

Wir sahen uns kaum, da ich vor der Dunkelheit zur Nachtschicht fuhr, und wenn ich nachhause kam, war er schon wieder fort.

Steves Mutter bereitete ihm das traditionelle Essen zu, welches ich ihm dann hinstellte. Dazu ein paar von mir zubereitete Leckereien, die er eigentlich gar nicht haben durfte. Wir legten uns täglich, in Abwesenheit des Anderen, kleine Briefchen auf den Küchentisch, voll von Liebesschwüren und süßen Worten.

Er hinterließ mir kleine Tiere und Gefäße aus Ton, die er in der Kiva angefertigt hatte. Zusammen mit zeremoniellen Dingen, wie Federn, Türkisen und Muschelornamenten. Nachts lag ich oft einsam wach.

Ich hörte die entfernten Stimmen der Männer, die in ihre Decken gehüllt, stundenlang den aufsteigenden Mond besangen:

„Hiih-jah! Hiiih-jah!"

Tagsüber beschäftigte ich mich mit Perlenmustern, die ich auf einen Lendenschurz für meinen Liebsten stickte.

Ich nähte Hirschleder-Leggins, ein Samt-Hemd mit Zierbändern und Mokassins. Das alles, um ihm nah zu sein und damit er später fürs Tanzen ausgerüstet war.

Seit ich MorningRain kennengelernt hatte, gab es nur noch uns zwei. Unser Glück war nicht von dieser Welt, obwohl wir uns ab und zu auch mal ganz schön in die Wolle kriegten. Die Versöhnung war dann um so wundervoller. Rund um die Uhr galten meine Gedanken nur ihm. Ich vermisste ihn und seine Schmetterlingsküsse! Ebenso sein Zerknacken gebackener Maiskörner an meinem Ohr, was mich erschauern ließ. Freundschaften zu pflegen, dafür war kaum Zeit. Außerdem hatte Steve mir Treffen mit Kolleginnen außerhalb der Arbeit ausgeredet. Meine Sehnsucht nach ihm in dieser Kiva-Zeit war fast unerträglich.

Desto schockierter war ich, als ich eines nachts zum Truck vor dem Restaurant kam, um von der Arbeit nachhause zu fahren. Dort lag auf dem Fahrersitz ein zusammen gefalteter Zettel, durch den offenen Fensterschlitz geworfen.

Mir blieb das Herz stehen, als ich die Nachricht immer wieder las:

„Hi, Steve, wann fahren wir mal wieder zu den heißen Quellen? Let's have fun! *Lori, Kim und Stella.*"

Was bedeutete das? Es brodelte in mir, und ich hatte keine Möglichkeit ihn zur Rede zu stellen. Es wühlte die ganze Nacht in mir. Ich hatte niemanden, mit dem ich darüber sprechen konnte. Dabei war er derjenige, der immer so eifersüchtig war. Es war mir alles unverständlich: wir waren doch augenscheinlich so glücklich wie am ersten Tag

Alles in unserem Leben lief sogar besser als geplant.

Ich ging durch die Hölle! Es herrschte abgrundtiefe Verzweiflung in mir. Die ganze Nacht wälzte ich mich schlaflos im Bett. Und die dunkelste Stunde war die, vor dem Morgengrauen.

Wenn ich ihn mit der Tatsache konfrontierte, würde er sofort alles abstreiten und wieder aufbrausen. Sein Charme, den ich anfangs so unwiderstehlich fand, konnte plötzlich ins Gegenteil umschlagen.

Nun hatte ich einen Entschluss gefasst: ich wollte ihm auf keinen Fall begegnen, sondern ihn seine eigene Medizin kosten lassen!

Als ich am frühen Morgen das Haus verließ, warf ich einen zerknüllten Zettel auf den Boden, auf den ich in krakeliger Schrift geschrieben hatte:

„Chris, wann fahren wir mal wieder zu den heißen Quellen? Let's have fun! *George, Paul und John.*"

Ich nahm die Namen der drei Beatles, desto weniger Überzeugungsarbeit würde ich später leisten müssen. *„Ringo"* wäre aufgefallen.

Abends wurde ich aus der Restaurantküche gerufen. Mein vor Eifersucht kochender Ehemann, verbotenerweise in der Öffentlichkeit und in Shirt und Hose hielt mir mit schneeweißem Augenbraue losem Gesicht den verknitterten Zettel vor die Nase. Mir ging die Flatter, aber ich meinte nur mit selbsterzwungener Gelassenheit:

„Es ist nicht so, wie es aussieht!", und ging wieder in die Küche.

30. Der heilige „Blue Lake"

Ende August eines jeden Jahres finden die Zeremonien für die *Kiva*-Zugehörigkeit am *Blue Lake* statt. Sie symbolisieren die Einheit des Stammes, die sehr wichtig ist, um die traditionelle Kultur dieses Volkes zu erhalten. Der *Blue Lake*, ist der wichtigste religiöse Ort der Tiwa. Er ist für sie die Quelle allen Lebens und der endgültige Ruheplatz ihrer Seelen, das Zentrum ihrer Religion. Aus ihm entspringt der *Rio Pueblo*.

Der See und die umliegenden Berge wurden 1906 von der damaligen Regierung enteignet und 1970 von Präsident *Nixon* dem Tiwa-Volk zurückgegeben. Um ihr heiliges Land zu schützen, gibt es seitdem keinen Zugang mehr ohne Stammeszugehörigkeit.

Etwa eine Woche vor diesen Zeremonien sollte ich Urlaub im Restaurant nehmen. In der letzten Arbeitsschicht, schüttete ich mir, wie von Geisterhand, brodelndes Fett aus der Pfanne über die rechte Handfläche. Trotz sofortiger Verarztung mit allerlei Heilmitteln, entstand eine tennisballgroße Blase. Die Hand war zu nichts mehr zu gebrauchen. MorningRain wollte jedoch unbedingt, dass wir die mehrtägige Wanderung zum heiligen Blauen See durchführen, noch bevor sich sein Stamm mit den Kiva-Jungen auf den Weg machte.

Nach endlosem Ringen und Kampf um die Wahrheit der Zettel in jener schrecklichen Nacht, hatte sich zwar die Wut gelegt. Meine Zweifel jedoch blieben. Ich war derart sauer auf Steve, denn ich war noch nie so verletzt worden. Ich hatte so viel in diese Beziehung investiert und wurde derart von ihm hintergangen. Dazu waren wir ja erst knapp ein Jahr verheiratet. Wie ein Coyote hatte ich nachts die Sterne angeheult, nachdem Steve letztendlich wieder in die Kiva getrottet war.

Vielleicht wollte er mir mit diesem Trip zum Blue Lake beweisen, wie sehr er mich liebte und dass ich zu ihm und zu seinem Volk gehörte.

Wir bekamen von Jerry O. ein ausgeruhtes Pferd namens *Coca-Cola* geliehen. Zelt, Verpflegung und Decken wurden festgezurrt, und ich wurde auf den Sattel gehievt.

Die bandagierte, aufgeblasene Hand hielt ich immer brav in der Luft. So ging es frühmorgens los Richtung Berge. Der heilige See lag ca. zwanzig Meilen (ca. 32 km) vom Pueblo entfernt.

MorningRain, der immer noch *Chuäh-muh*, Leggins und Mokassins tragen musste, schritt zielstrebig aber bedacht, mit der Longe in der Hand, voran. Für mich – hoch zu Ross – war die dauernde Aussicht auf den halbnackten Po ein höchst erfreulicher Anblick. Paco und Monster rannten neben uns her, begeistert, dass wir einen Ausflug machten. Ab und zu sang mein Liebster leise vor sich hin.

Wenn es besonders steil wurde, stieg ich ab und ließ mich, den Schweif des schnaufenden Pferdes in der linken Hand, den Hang hinaufziehen. So ging es in die ungezähmte Natur. Der Wald war urwüchsig, und der Baumbestand wurde immer dichter. Da war Knacken im Geäst, und Schatten huschten davon. Manchmal hatte ich das Gefühl, im Dickicht des Waldes flüsterten geheime Wesen miteinander. Aber es waren wohl nur Windböen.

Nach wenigen Stunden erreichten wir einen schmalen, steinigen Holperpfad, der sich um steil aufragende Klippenwand.

Bald gelangten wir an eine flache Ebene vor einem senkrechten Felsen. Aus schlanken Kiefernstämmen, mit Zweigen bedeckt, waren hier Unterstände errichtet worden. Das lange Gras in der Mitte des Platzes war im Uhrzeigersinn plattgetreten. Ein Zeremonienplatz. An einem Ast baumelten uralte ausgetretene Mokassins, deren Perlen an aufgerissenen Fäden herunterhingen. Im Spalt der Felswand befand sich eine Höhle, in deren Dämmerlicht ich senkrecht im Boden steckende Gebetsstöcke erkennen konnte. Sie waren mit Symbolen und Federn verziert und enthielten Wünsche und Fürbitten.

Am Rande der Lichtung erhoben sich dicht an dicht uralte Kiefern, von deren Ästen grüne Bärte aus Moos flatterten. Wir bemerkten einen dunklen Schatten. Ein gewaltiger *Wapiti-Hirsch* stellte seine Lauscher auf, bevor er mit einem mächtigen Satz im knackenden Dickicht verschwand. Wir setzten unseren Weg fort, genossen den Duft der Hölzer und die klare Bergluft.

Zeitweise kam kaum noch ein Sonnenstrahl durch das dichte Baum-Dach. Dafür leuchteten die Aspen-Kronen golden in der Höhe, wie Sonnenanbeter. An vielen Zweigen am Rande des heiligen Weges, an den „*Spirit-Trees*", die Verbindungen zur geistigen Welt und den Urahnen schaffen sollten, klebte feiner weißer Adler-Flaum. Ein Stück weiter wurde der Pfad plötzlich so schmal und zog sich eine Strecke angrenzend an einem senkrecht aufsteigenden Felsen entlang, dass mir angst und bange wurde. Rechterhand war der Abgrund.

Mit gleichbleibendem Schritt war MorningRain vor Coca-Cola her gepilgert, ohne eine Spur von Ermattung zu zeigen. Monster allerdings hob ich schon mal auf den Sattel, denn die Kleine musste ja doppelt so viele Schritte zurücklegen.

Neugierige Streifenhörnchen machten in sicherer Entfernung Männchen, um zu sehen, was wohl die Ruhe störte, eine Zwergeule flatterte durch ein Dickicht verkrüppelter Zedern, und schrille Vogelschreien tönten aus der Vegetation. In großer Höhe kreiste ein Adler. Es war ein kaum berührtes Wunderland, und wir mittendrin.

Dann und wann drehte MorningRain sich um und lächelte mich an. Genauso, wie er mich am ersten Abend angelächelt hatte. Ohne Worte waren wir in Harmonie erneut eng miteinander verbunden.

Bis auf einen leichten gleichmäßigen Hufenschlag schritten wir fast lautlos auf der ausgetretenen Strecke in die Höhe, dann abermals hinunter, und wieder steil aufwärts. Das Gebirge ist dort bis zu 4500 Meter hoch, und ich glaube, sieben mächtige Berge gezählt zu haben, über die wir hinübermussten.

Ab und zu lief uns ein Rinnsal von den Höhen entgegen, und wir legten eine kleine Pause ein. Hasen stellten ihre Löffel auf, um dann langsam und gar nicht scheu, weiter zu hoppeln. MorningRain hatte zwar sein Gewehr dabei, aber wir waren ja nicht unterwegs, um sinnlos auf alles zu ballern, was sich bewegte.

Ich durfte gar nichts tun, nur artig meinen mit Mull verbundenen Ballon in die Luft strecken. Ich genoss es, wie mein Mann mich umsorgte. Ich fühlte mich beschützt und geliebt.

Ich war so privilegiert, dass er mich hierher mitgenommen hatte. Wie eine, die wirklich zum Stamm der Tiwa gehörte.

Meine tiefen, zärtlichen Gefühle und die verloren gegangene Sicherheit kehrten auf diesem Weg langsam zurück. Ich bekam das Gefühl, wir waren wieder und nun für immer EINS.

Am Abend, mitten im Wald, MorningRain lud gerade den Ballast vom Pferd, bäumte sich Coca-Cola mit lautem Gewieher urplötzlich auf, drehte sich um und begann, zwischen den Bäumen im Slalom bergab zu rasen. Ich wusste gar nicht, wie uns geschah! Ohne eine Sekunde zu zögern und wie vom Wind getragen, flog MorningRain ihm pfeilartig hinterher. Loses Gepäck, das noch halb an Sattel-Riemen hing, schlug links und rechts gegen die Baumstämme. Doch der Gaul schien sich dadurch nicht aufhalten zu lassen. MorningRain aber auch nicht! Die Hunde und ich waren immer noch in Schockstarre, als nach einer kleinen Ewigkeit weit entfernt, ganz unten zwischen den Bäumen, MorningRain wieder auftauchte - mit einem schnaufenden Coca-Cola an der Longe. Das Pferd war von einer Biene gestochen worden, und fast hätten wir den gesamten Proviant und die Decken verloren.

Ich war mächtig stolz auf meinen wieselflinken Retter!

Warm, eingerollt wie Mumien, schliefen wir glücklich in unserem kleinen Zelt ein. Mein Mann hielt mich so fest in seinen Armen, dass ich nie mehr woanders sein wollte. Paco und Monster räkelten sich dicht aneinander gekuschelt und schnieften zufrieden.

Der Morgenduft des erwachenden Waldes, die ersten Sonnenstrahlen, die durch die Baumkronen blitzten, *Bluebird-Gesang*, das Geschrei eines Eichelhähers - es machte uns selig und dankerfüllt, dieses alles zusammen erleben zu dürfen.

Am frühen Abend des zweiten Tages erreichten wir eine Bergkuppe, übersät mit bunten Wildblumen. In der Luft war ein leises Summen von Käfern und Bienen. Hier blickten wir endlich auf den tiefblauen runden See hinab, den Altar der Tiwa. Er lag in einer Talmulde weit unten.

Auf seiner glatten dunklen Oberfläche spiegelte sich die Kiefernumrandung und die dicken weißen Wolken über uns.

Wir waren geschafft, aber glücklich!

„Der See des Lebens soll unermesslich tief sein", meinte MorningRain.

„In ihren schönsten Lederkleidern, farbenprächtigsten Schals und Decken, in mehrlagigen schneeweißen Hirschleder-Stiefeln und bestickten Mokassins kommen meine Leute jedes Jahr im August hierher. Alle tragen bunte Blumenkränze und Kronen aus grünen Zweigen. Die Haut wird mit roter Erde gefärbt. Dort unten tanzen sie den Geistertanz, und sie singen drei Tage lang. Es sind bewegte Gebete zum Großen Geist der Sterne, des Mondes, der Sonne, der Berge und des Himmels. Hier finden die geheimen Zeremonien für das Aufnahme-Ritual in der Kiva-Gemeinschaft statt. Sie sind absolut notwendig für die Mitgliedschaft im politischen und religiösen Leben meines Stammes."

Andächtig lauschte ich MorningRains Worten und begriff, was für eine Ehre er mir zukommen ließ, mich diesen Ort betreten zu lassen.

Wir zelteten am Ufer des Sees. In der Dunkelheit bildete ich mir ein, das Flüstern der längst gegangenen Ahnen zu hören. Der sternenklare Himmel hatte sich über uns ausgebreitet, und der nahezu volle Mond warf Geister-Schatten durch die Wolken. Glühwürmchen schwirrten umher. Die Nachtluft fiel kalt den steilen Hang herab, als wir nach einem Lagerfeuer wie Maulwürfe in unsere Behausung krochen. Die Hunde blinzelten uns an und schnauften behaglich.

Der herrliche Duft des Kaffees am frühen Morgen, das schwache Tageslicht, Totenstille, als ob die ganze Welt im Schlaf liegen würde.

Nebel stieg langsam vom Wasser des Sees empor, und eine frische Brise, ein kühler Duft von Wäldern und Blumen, kam uns entgegen.

Manche Zeiten und Augenblicke bewahrt man sich auf, wie einen kostbaren Schatz, und man wird ihn nie mehr vergessen. In diesem Moment hatte ich das Gefühl, mir würde vor Glück das Herz zerspringen.

Dafür werde ich MorningRain für ewig dankbar sein!

31. Umzug in die Stadt

Im Herbst war das Bewohnen des kleinen Adobe-Heims unmöglich geworden. Aus dem Dach über dem Küchenofen bemerkten wir eines Tages Qualm aufsteigen. Das alte Abzugsrohr hatte wohl Löcher und die ausgetretenen Funken hatten das Dach fast schon in Brand gesetzt.

Wir brauchten dringend eine neue Bleibe.

Beim Einkaufen erzählte ich es einer lieben Bekannten, der älteren Quäkerin *Ruth Larson-Hatcher* - eine Frau, wie aus einem *Carl-Larson-Gemälde* entsprungen. Sie war schwedischer Abstammung, mit einem leuchtenden Gesicht, in dem eine Knopfnase zwischen roten Apfelbäckchen saß. Sie trug einen strengen Haarknoten, doch ihre himmelblauen Augen strahlten Güte und Warmherzigkeit aus.

Tia Ruth lebte seit einer Ewigkeit in Taos und kannte alles und jeden. „Eine Britische Aristokratin, *Lady Victoria*, muss dringend für eine längere Krebsbehandlung nach England zurück und sucht jemand, der ihr Haus und ihr Auto hütet. Kostenlos!", erwiderte sie lächelnd auf meinen verzweifelten Bericht von unserer Wohnungssuche.

Ein wundervolles älteres Gebäude in Stadtnähe, mit Veranda, vier Zimmern, Küche, Bad mit Wanne, Teppichboden und Zentralheizung. Viele Utensilien und Einrichtungsgegenstände blieben drin - diesen Luxus durften wir, nach kurzem Kennenlernen, sofort beziehen. Die Kids waren begeistert. Bei Steve war ich mir nicht so sicher. Er hätte uns wohl lieber im Pueblo gehabt, um uns besser im Auge zu behalten.

Zur gleichen Zeit kam ein Lastwagen in die Stadt, beladen mit unzähligen handgeschnitzten Möbeln aus einer mexikanisch-indianischen Werkstadt. Sie waren wahnsinnig günstig. Ich schlug zu, denn ich hatte gerade eine größere Restzahlung von meinem Ex-Mann Klaus aus Deutschland erhalten. Davon hatte ich eine Boutique im Ortskern kaufen wollen. Nun gab's noch die Einrichtung dazu.

Die Einweihung der Wohnung fand mit *Tia Ruth* und etlichen Verwandten vom Pueblo in einer fröhlichen Atmosphäre statt.

Wir richteten den Laden mit den neuen Möbeln ein, strichen alles in Pink und Schwarz und füllten ihn mit von der Vorbesitzerin übernommener, sowie selbst hergestellter Kleidung.

Dank ausgefallener Werbung in der Zeitung sowie im örtlichen Radio, lief unsere *„Splash Boutique"* gut an. Marsha modelte zusammen mit ein paar älteren Mädchen, und Sammy gab damit an, „Ladenbesitzer" zu sein. Wurde *„Up-Town-Girl"* von *Billy Joel* im Radio gespielt, sang er jedes Mal laut mit und meinte, der Song wäre eigens für mich, das Mädchen aus „höheren Kreisen", geschrieben worden.

Die Kinder wurden direkt vor der Ladentür vom Schulbus abgesetzt und konnten im geräumigen Hinterzimmer ihre Hausaufgaben machen. Steve kam oft im Geschäft vorbei, während Monster sich stets unter dem Schreibtisch versteckte und alles beobachtete.

Eines Tages bekam ich mehrere Anrufe aus Deutschland: im Fernsehen lief gerade die Serie *„Weltenbummler"* mit *Hardy Krüger*. Diese Folge hatte er in Taos gedreht, und darin wurde eine Story erzählt, in der viele Bekannte mitmachten. Ich habe mir den Film später angesehen.

Jede Woche besuchte mich *Grandpa Sunhawk*, Steves Großvater, im Laden, um mir ein neues Wort in Tiwa beizubringen. Er sprach ganz leise. Sunhawk war ein gütiger, weiser Mann mit schmalen, wachen Augen und war mit fünfundachtzig Jahren einer der Stammesältesten.

Steves Onkel *Ralf Suazo*, ein berühmter Bildhauer, suchte mich ebenfalls regelmäßig auf. Allerdings nur, wenn er knapp bei Kasse war. Dann verkaufte er mir eine seiner Skulpturen aus Marmor und Zedernholz, oder Tontöpfe seiner Schwester *Juanita*.

Einige bekannte Malerinnen tauschten ihre Gemälde und eine Masseurin ihre wundervollen Behandlungen gegen Kleidung. Am Saisonende kamen Indianerinnen von anderen Pueblos, um reduzierte Garderobe gegen ihren Silber- und Türkisschmuck zu handeln.

Trading, das Tauschen von Ware, war seit jeher Tradition im Wilden Westen. Den meisten Schmuck verkaufte ich dann in Geschäften, und den Erlös verprasste ich in Dallas oder New York. Dorthin flog ich regelmäßig, um Modemessen zu besuchen.

Mein Vater kam zu Besuch, und wir genossen sehr die Zeit zusammen. Steve und ich gingen an den Wochenenden zu einer der vielen Live-Bands im Ort tanzen. Meine allerliebsten Musiker waren *Bill und Bonny Hearne*, ein älteres *Country-and-Western-Ehepaar*. Bill spielte Gitarre und trug Brillengläsern, dick wie Flaschenböden, Bonny klimperte am Klavier und war mit einer lerchenhaften Stimme gesegnet. Aus ihrer Feder stammt das Lied, bei dem ich heute noch Heimweh und einen fetten Kloß im Hals bekomme: *„New Mexico Rain"*.

Wir gingen mit den Kindern zum Ostereier-Suchen, zu Halloween-Partys oder Geburtstagsfeiern.

Mein *„Birthday"* (22. April) kam. Er ist zugleich *„Earthday"* in den USA. Die Kids malten für mich Bilder und bastelten dazu riesengroße Liebeskarten *„for the best Mom"*.

Unser Leben war gut, und wir waren glücklich!

Steve und ich wurden zu Vernissagen und privaten Partys eingeladen. Einmal sogar zu der Villa des berühmten *Navajo-Malers R.C. Gorman*, dem *„Picasso der Amerikanischen Indianerkunst"*. Er war ein guter Freund vieler Berühmtheiten. Selbst *Arnold Schwarzenegger, Dany deVito* (*„Twins"* wurde u.a. in Taos gedreht), *Jackie Onassis, Julio Iglesias* und *Elizabeth Tailor* waren bei ihm zu Besuch. Liz' Bruder *Howard* lebte mit seiner Familie seit Jahren in Taos.

Zu dieser Party bei *R.C.* waren verschiedene Maler, Dichter, Bildhauer und andere Persönlichkeiten eingeladen. Dazwischen tummelten sich ein paar Priester in Talaren. Wiederholt war von ausschweifenden Gelagen mit Kirchendienern bei *Gorman* gemunkelt worden.

Wir konnten einen Blick in die palastartigen Hallen erhaschen. Sie waren mit plakatgroßen Gemälden von *Miró, Picasso und Andy Warhold* dekoriert. Die Fete fand rund um den Swimmingpool statt, wo auch das mächtige Buffet aufgebaut war. Die Terrasse bot einen atemberaubenden Blick auf die *Sangre De Cristo Mountains*, und es herrschte eine fantastische Stimmung. R.C.s Lieblingsmotto war: *„Nudes & Food"* (Nackte und Speisen).

Nackte haben wir nicht gesehen – aber vielleicht fielen ja die Klamotten erst, als wir längst gegangen waren…

32. Der Peyote-Weg

Als sich die ganze Aufregung vom Umzug und Laden gelegt hatte, ging alles mit Steve von vorne los. Immer öfter war er missgelaunt und grundlos eifersüchtig. Ich konnte nicht herausbekommen, warum. Vielleicht wusste er es ja selbst nicht… Alles lief doch so gut!

Verzweiflung und Resignation machten sich bei mir breit. Durch Steves plötzliche, für mich unerklärliche Ragen, zog ich mich emotional immer mehr zurück und ließ ihn kaum noch an mich heran. Er kam zwar noch jede Nacht zu mir, doch ich spürte, dass er es tat, um Kontrolle über mich zu haben.

Wir warfen uns gegenseitig Anschuldigungen an den Kopf. Manchmal war in seinem Gesicht ein Ausdruck von Unbezähmbarkeit. Doch ich hatte ihn gewarnt, dass, wenn er mich nur ein einziges Mal schlagen würde, ich weg wäre. Die Kids bekamen die Streitereien ebenfalls mit und waren mehr und mehr verängstigt.

Dann kam der traurige Höhepunkt: ich wurde zu einem *Baby-Shower* einer Kollegin eingeladen, wo in der Regel nur Frauen zugegen sind. Ich habe für das Baby süße Lammleder-Schühchen angefertigt und mich auf den Kaffee-Nachmittag gefreut. Als ich zur verabredeten Zeit vors Haus trat, zu der Steve mich abholen wollte, merkte ich bereits, dass etwas nicht stimmte. Sein versteinertes Gesicht erzählte Bände. Er war anscheinend die ganze Zeit um das Haus gekreist und hatte sich ausgemalt, was ich dort drinnen mit einem Mann alles treiben würde. Völlig idiotisch!

Auf der Heimfahrt terrorisierte er mich, schrie unflätige Dinge und raste mit Vollgas auf einen Abhang zu, um ganz kurz davor zu bremsen.

Dazu haute er mit der Faust derart auf meinen Oberarm, sodass ein fetter Bluterguss entstand. Ich hatte Todesangst und blieb dennoch bei ihm. Zuhause: Entschuldigungen, Liebesschwüre, Versprechen, Tränen und schiere Verzweiflung. Dabei stierte er hilflos unter seinem Stirnband hervor. Ich war ohnmächtig und deprimiert.

Es folgte ein sehr missglückter Versuch bei einer völlig inkompetenten Therapeutin, unsere Probleme zu lösen.

Wie konnte das alles nur in solch kurzer Zeit passieren?

Der fröhliche, charismatische MorningRain war zu einem mürrischen, übellaunigen Ehemann geworden...

Mich beherrschte eine abgrundtiefe Traurigkeit. Mein Vertrauen, meine Sicherheit, Wärme und Geborgenheit – alles war futsch!

Und was sollte aus den Kindern werden, wo sie endlich ein schönes Familienleben kennengelernt hatten? Sie durften nicht in Angst leben!

Monster suchte meine Nähe, als ob ich krank wäre. Sie spürte: mein Herz war kurz vorm Zerbrechen vor Schmerzen. Meinen dunkelblauen Arm hielt ich jedenfalls nicht versteckt, sondern trug absichtlich nur noch ärmellose Shirts. Steve sagte dazu nichts.

Meinen Freundinnen in Deutschland mochte ich nichts von meinem Leid berichten. Ich empfand es als Schande und Niederlage, dass meine Beziehung zu Steve so schnell zu scheitern schien. Es war eine schwer zu begreifende Enttäuschung. Zugleich war der Verlust seines Respekts und seiner Zuneigung für mich unerträglich.

Wir mussten einen Weg finden, aus dieser Misere heraus zu kommen!

In meiner Verzweiflung griff ich einen Gedanken wieder auf: wenn es wirklich Beweise gab für die Wandlung und Verbesserung eines Charakters, wenn der *Peyote-Weg* diese Möglichkeit bot, dann mussten wir ihn versuchen!

Steve war von seinen eigenen sprunghaften Launen genauso zermürbt, wie ich. Er zeigte sich offen dafür, seine Dämonen auf diesem Weg zu bezwingen. Nur, dass ich als Frau ohne indianische Wurzeln an einer *Peyote-Zeremonie* teilhaben durfte, war ausgeschlossen. Ich würde aber mitkommen und mit den anderen Frauen zusammen die Speisen für die *Native-American-Church-Mitglieder* zubereiten können. Ich gab mich damit zufrieden, denn ich wollte mein altes Leben mit MorningRain unbedingt zurückhaben!

Wir mussten diese letzte Möglichkeit versuchen!

Steve und ich suchten einen greisen Mann auf, der uns alles erklärte. Weisheit und Tradition waren in dem Alten vereint, das spürte man bei jedem Wort. Seine Haut war von der Sonne gegerbt. Die Haare, spärlich und lang, waren mit einem roten Band im Nacken zusammengebunden, so wie sie viele Pueblo-Indianer trugen. Er saß uns gegenüber und sprach gedämpft und mit monotoner Stimme zu Steve auf Tiwa. Dabei gab er ihm Zeit, für mich zu übersetzen.

Während er sprach, blinzelte er mit zusammen gekniffenen Augen an uns vorbei in die Ferne.

„Der *Peyote-Knopf* wird einem Kaktus entnommen, der nur im südlichen Grenzgebiet und in Mexiko wächst. Für uns *Native Americans* wurde die Einnahme als Teil unserer religiösen Freiheit ausdrücklich vom Obersten Gerichtshof der USA gestattet. Diese Droge darf auf keinen Fall missbraucht werden!

Sie schmeckt sehr bitter und ist für uns ein medizinisches Heilmittel und eine spirituelle Kraft für Erkenntnisse."

Wir lauschten gespannt, ohne ihn mit Fragen zu unterbrechen. Nach einer kleinen Pause sprach er in gleichmäßigem Ton weiter:

„Die Visionen derer, die Peyote einnehmen, sind wunderschön und unvergleichlich. Die Zeremonie unseres *Peyote-Rituals* wird in einem *Tipi* abgehalten. Angeführt vom *Chief,* versammeln sich mehrere Mitglieder um einen erhöhten Halbmond aus Sand, dem Peyote-Mond. Einige Peyote-Knöpfe werden später von den Anwesenden gekaut, und der Saft, der sehr, sehr bitter ist, wird heruntergeschluckt. Eine Trommel und zeremonielle Hilfen, wie Gebetsstäbe und Federn, unterstützen den Ablauf. Die Geschehnisse dauern gewöhnlich die ganze Nacht. Es wird getrommelt und spezielle Peyote-Gesänge angestimmt. Also, wenn du mit ganzem Herzen bereit und offen bist für neue Wegweisungen, mein Sohn, komm morgen Abend bei Dämmerung zum Tipi an den „allmählich abfallenden Hängen der Berge". Du kennst den Ort."

Damit verabschiedete er sich.

„Snoukajoup! Gute Nacht!" *„Tah-ah*! Danke!"

Bei Sonnenuntergang des folgenden Tages holperten wir im Truck einige Meilen über klickerndes Geröll, dann durch *Sage*-Steppe und über Sandwege, bis wir zu den *Tipis* gelangten.

MorningRain hatte zuvor ein Bad genommen und seine indianische Kleidung angelegt. Er war sehr nervös.

Ein Tipi war innen durch ein leise flackerndes Feuer erhellt, und der *Fire-Chief* zeigte Steve die kreisförmige Sitzordnung, die durch ausgelegte Decken markiert war. Hinter dem Halbmond mit den weiß-fusseligen Peyote-Knollen war eine Zick-

Zack-Linie in den Sandboden gemalt. Daneben waren noch ein Fächer aus Adlerfedern, eine Kürbisrassel, eine flache Trommel und ein Autoritätsstab ausgelegt. Mit MorningRain betraten noch mehrere Männer das Tipi-Zelt. Der Eingang wurde verschlossen, und nach einer kleinen Weile konnte ich den Schatten des Peyote-Chiefs erkennen, wie er Gebete in alle vier Himmelsrichtungen schickte.

Nun ging ich hinüber zu den anderen Frauen, die mich vor dem zweiten Tipi bei unserer Ankunft bereits freundlich begrüßt hatten.

In dem Zelt standen Körbe mit Indianer-Mais: rot, schwarz, blau und weiß-gefleckt. Wir schnitten Hirsch- und Kaninchenfleisch in kleine Stücke. Früchte, Squash und Bohnen wurde in schalenförmigen Kalebassen verteilt. Speisen wurden flüsternd auf einem offenen Feuer zubereitet, und während der langen, kühlen Nacht, lauschten wir den Gesängen aus dem Zelt nebenan und schickten unsere Wünsche zum brillanten Sternendach. Während die Speisen langsam vor sich hin simmerten, warteten wir alle auf die aufgehende Sonne.

In der ersten Morgendämmerung krochen die Zeremonie-Teilnehmer gebeugt durch die niedrige Türklappe des Tipis und stellten sich mit müden Gesichtern vor dem Zelt auf. Wir alle begrüßten die ersten Sonnenstrahlen mit Gesang. Dann wurde das blau-lila Papierbrot auf heißen Steinen gebacken. Nachdem die Speisen gesegnet waren, aßen alle aus Kalebassenschalen und trank frisches Quellwasser dazu.

Mutter Erde – ebenso, wie die Urahnen – bekamen etwas davon ab.

Der lange Weg mit Steve nachhause verlief schweigend. Ich stellte keine Fragen.

Grandpa Sunhawk by Allan Pell

33. Auf dem Kriegspfad

Nach ein paar Wochen friedlichen Zusammenlebens, fingen Steves miese Launen von vorne an. Nur noch schlimmer. Er tobte, wie ein Derwisch, oft nur durch ein für ihn falsches Wort oder Blick. Es war reiner Psychoterror.

Was wollte er damit bezwecken? Ich fand schon lange keine Erklärung mehr für sein Verhalten und bekam auch keine Antworten.

Weitere Peyote-Meetings verweigerte er. Wie sollte es weitergehen? Was war aus diesem einst so sanften, liebevollen Mann geworden?

Er hatte sich zu einem Ungeheuer entwickelt, vor dem wir Angst hatten. Ich war völlig verzweifelt und hoffnungslos. Marsha und Sammy befürchteten, dass sie für immer zum Santo Domingo Pueblo zurückkehren müssten.

Beim Frühstück mit den Kindern knallte mir Steve eines Morgens mit voller Wucht ein Stück Brot mit einer scharfen Rinde ins Gesicht – aus nichtigem Grund. Es landete direkt unter meinem Auge. Steve fand schon lange kein Wort der Entschuldigung mehr und verschwand. Stumm räumten die Kinder und ich den Frühstückstisch ab. Marsha und Sammy gingen bedrückt zur Schule, und ich zum Geschäft.

Auf den Stufen der *Splash-Boutique* wartete meine ehemalige Arbeitskollegin *Mary* auf mich, die mit einem Typen namens *Buzz* verabredet war. Sie wollten sich hier treffen, um Tarot-Karten zu legen. Er hatte das schon jahrelang gemacht, allerdings nur für Freunde. Das Kartenlegen sollte ganze fünf Dollar kosten.

Buzz, eine seriöse Erscheinung mittleren Alters, kam und legte im Laden mehrmals Marys Karten zu verschiedenen Aspekten in ihrem Leben. Zack-Zack-Zack… Ohne Nachfragen oder Erklärungen.

Er bemerkte dazu, er könne nur sagen, was die Karten preisgäben. Schlüsse daraus müsse sie selbst ziehen.

Buzz wusste nichts über mich. Ich war ihm vordem noch nie begegnet.

Eigentlich glaubte ich nicht an solchen Hokuspokus, aber für „nur fünf Dollar" wollte ich das nun auch mal probieren – nur so zum Spaß.

Buzz sah auf meine mehrmals abgehobenen, dann ausgelegten Karten und meinte: „Du befindest dich in höchster Gefahr und musst dich sofort aus dieser Situation befreien – was auch immer es ist! Danach wird alles okay werden."

Nach außen hin hatte ich immer alles weggelächelt und getan, als ob alles in Ordnung wäre. Ich hatte nicht mal Mary von meiner Situation berichtet. Als Buzz gegangen war, erzählte und heulte ich ohne Ende.

In den Folgejahren suchte ich Buzz hin und wieder mal auf, und er las kurz und bündig aus meinen Karten vor, was in meinem Leben gerade so vor sich ging – Gutes und Schlechtes.

Einmal musste ich mir, als „Bezahlung" eine ganze LP von dem von ihm so verehrten *Bob Dylan* anhören: fünfzig quälende Minuten mit Mundharmonika-Gehobel und Dauer-Näselei. Ich habe kein Wort verstanden, jedoch durchgehalten! Viele Leute in Taos verehrten Bob Dylan, der auch gelegentlich in der Stadt abstieg.

Nach der Tarot-Lesung im „*Splash*" handelte ich umgehend: im Beisein meiner Freundin *Martina,* machte ich Steve klar, dass er sofort ausziehen müsse. Er hatte wohl schon damit gerechnet, denn er machte keinen Aufstand – was sicherlich auch Martinas Anwesenheit zu danken war. Mit versteinerter Miene packte er ruckzuck seine persönlichen Sachen in den Truck, den ich ihm kurzerhand überlies. Ich wollte mit dem Wagen nichts mehr zu tun haben, und ich hatte ja noch das Gefährt der Lady Victoria.

Die traurigsten Tage folgten, als die Kinder packen mussten, um in den nahenden Ferien zu ihren Großeltern in Santo Domingo zurück zu kehren. Sie waren mir so ans Herz gewachsen, aber ich wollte auf keinen Fall, dass sie in dieser explosiven Atmosphäre weiterleben mussten. Auch ich war gezwungen, mein Leben wieder in die eigenen Hände nehmen, ohne dass jemand ständig mit schlechter Laune und Misstrauen um einen herumschlich, um dann jederzeit in die Luft zu gehen. Alles was ich brauchte, war Ruhe und Frieden! Mir war allerdings klar, dass Steve immer wieder aufkreuzen würde…

Ich fand ein schönes Zuhause für Paco, Mickey Mouse und alle Welpen und Katzenbabys, die gerade bei uns auf die Welt gekommen waren. Monster war mein Seelentröster und wich niemals von meiner Seite. Bald wurde es publik, dass Steve und ich uns getrennt hatten. Durch das Geschäft kannte ich jetzt viele Leute im Ort. Es verging kaum ein Tag, an dem mir nicht zugetragen wurde, dass Steve eine Frau nach der anderen angemacht hatte, um sie flach zu legen.

Seit Beginn unserer Beziehung hatte er mich offensichtlich

mit Touristinnen, Indianerinnen und Mädchen aus dem Ort betrogen. Mit ihnen fuhr er zu den *Hot Springs*, zu den heißen Quellen.

Wie früher mit Drogen und Alkohol, betäubte er sich nun mit aufgelesenen Frauen. Er war sexsüchtig! Damals war dieser Begriff noch gänzlich unbekannt.

Dabei hatte er seine Lügen und Untreue auf mich projiziert.

Ich war mehr und mehr angeekelt, entsetzt, verstört und konnte nichts mehr einordnen. Gruselige Bilder spukten in meinem Kopf herum. Ich stellte jeden vorangegangenen Moment in Frage und fühlte mich derart verraten. Ich wollte mir nicht vorstellen, was alles geschah, während ich nachts arbeitete, er im Büro war, am Hausbau „schuftete" oder seine angeblichen Meetings im Gouverneursbüro abhielt.

Tag und Nacht heulte ich wie ein Schlosshund. Ich war erschöpft und fühlte mich verloren.

Als Steve im Geschäft auftauchte, stellte ich ihn zur Rede. Seitdem wir in der Stadt wohnten und ich den Laden besaß, hatte er sicherlich befürchtet, dass etwas herauskommen würde. Ich forderte ihn auf, mir die Wahrheit zu sagen. Aber er ging, ohne dass ich eine Antwort bekam.

Das Schlimmste war, ich liebte ihn noch immer und wusste, ich würde ihn immer lieben. Doch das zeigte ich ihm nicht.

Ich war eiskalt, denn ich befand mich mit ihm auf dem Kriegspfad!

Es war der tiefste Punkt in meinem Leben!

Ich hatte Selbstmordgedanken. Ich fuhr die ganze Nacht lang durch die Gegend und überlegte, wie ich „es" anstellen könnte.

Aber wer würde sich dann um Monster kümmern?

34. Ein langer Weg zurück

In dieser Nacht stieß ich auf meinen Bekannten *Tony White-crow*. Er ließ mich reden, weinen, lachen und rettete mein Leben.

Ich verschlang danach Psychologie-Bücher, ging regelmäßig zu verschiedenen Therapeuten, schrie und schlug mit dem Ausklopfer auf Sage-Büsche ein, um meine Wut loszuwerden.

Steve wagte es, mir ab und zu Ingwer-Kekse, Pistazien-Nüsse oder kleine Geschenke wortlos im Laden auf den Schreibtisch zu legen, um dann gleich wieder zu entschwinden. Das machte alles nur noch schlimmer!

Ich war zu verletzt und wollte nie mehr mit ihm reden.

Ich besuchte die Familie weiterhin, bei der sich Steve nicht mehr blicken ließ. Als ich am folgenden San Geronimo-Fest in aller Frühe Seite an Seite mit *Mom* an der Rennstrecke stand, erkannten wir Steve unter den Läufern. Wie jedes Jahr feuerten wir fransenwedelnd alle Kiva-Männer mit lauten *„Jui-Jui-Jui"* an. Plötzlich überschlug sich Steve direkt vor uns, als hätte eine riesige Faust ihn durch die Luft geschleudert. Er hinkte, anscheinend ohne größere Verletzung, davon.

Ich reichte die Scheidung ein und legte Steves Nachnamen ab. Den Toyota erhielt ich zurück, da Steve die Raten nicht bezahlen konnte. Der Pueblo-Gouverneur *Jimmy Morningtalk*, der mein enger väterlicher Freund wurde, übernahm ihn und bezahlte die Restschuld bei der Bank.

Lady Victoria schenkte mir ihren Ford, da ich auf ihre Bitte hin das Haus verkauft hatte. Sie kam aufgrund ihrer Krebserkrankung nie mehr nach Taos zurück.

Die Kinder blieben in Santo Domingo. Es war eine sehr traurige Zeit! Ich zog mit Monster in ein kleines Adobe-Haus in Stadtnähe.

Nach den Ferien stand plötzlich Marsha mit ihren sieben Sachen und ihrem Vater vor der Tür. Sie wollte unbedingt bei mir bleiben. Ich liebte das Mädchen ja über alles. Wir waren vom ersten Tag an ein Herz und eine Seele. Sie wich jetzt nicht mehr von meiner Seite, wollte sich nicht mal mit ihren Freundinnen treffen. Nun tauchte natürlich Steve immer wieder bei mir auf, „um nach Marsha zu sehen". Ich blieb sehr distanziert.

Sam war bei seiner Mutter geblieben. Ich hörte nichts mehr von ihm.

Marsha und ich besuchten viele Musikveranstaltungen. An meinem 38. Geburtstag, als wir auf dem Weg nach Albuquerque zum *Terence-Trend-D'Arby*-Konzert waren, schlidderte der mir gerade vermachte Wagen der Aristokratin urplötzlich auf regennasser Fahrbahn weg. Aprilwetter!

Dazu wurde ich unverhofft von der Sonne geblendet und überzog vor Schreck die Servolenkung. Nach zweimaligem Überschlag landeten wir genau zwischen zwei Pinien in einem weichen Bett aus Gras und Sagebüschen. Links ein steiler Fels, rechts der Abgrund. Marsha, Monster und ich kletterten unversehrt, mit Hilfe anderer Autofahrer, durch die zertrümmerten Fenster hinaus. Das geschenkte Auto war ein Totalschaden. Die Vollkasko hatte ich gerade abgemeldet.

Ein Polizeiwagen hielt, Cops sperrten uns in den vergitterten hinteren Teil ihres Vehikels, und ich bekam letzten Endes ein *fünf-Dollar-Strafticket*, weil ich die Fahrbahn verlassen hatte *(Leaving the Lane)*!!!

Jemand rief meinen Automechaniker an, der uns mit dem wunderschönen *Pink Cadillac* abholte, den ich unbedingt hatte haben wollen, mir aber nicht leisten konnte. Im schneeweißen Lederinterieur und mit *Mariachi-Music* cruisten wir zu unserer Tante Lois, deren Tochter uns ihren Wagen lieh, um doch noch zum Geburtstags-Konzert zu gelangen. Unglück und Glück liegen oft so nah beieinander!

Steve, der inzwischen bei einer anderen Frau und deren vier Kindern wohnte, tauchte immer häufiger bei mir auf, „um Marsha zu sehen". Und jedes Mal wurden meine Wunden wieder aufgerissen. Wenn ich ihn nicht rein ließ, drohte er, mir „mein Mädchen" weg zu nehmen. Ich war seelisch immer noch ein Wrack und musste wieder auf die Beine kommen. Da blieb mir keine Wahl: Ich bat Marsha, zu ihm zu ziehen.

Wir telefonierten fast täglich, oder sie besuchte mich.

Meine Splash Boutique versuchte ich zu verkaufen. Als der Deal mit einer Käuferin im letzten Moment platzte, machte ich den Laden einfach dicht. Ich wollte unbedingt raus aus der Öffentlichkeit.

Nun hatte ich sehr wenig Geld zum Leben. Häufig musste ich mich entscheiden, zwischen Tanken und Lebensmittel einkaufen.

Ich deckte mich Tag und Nacht mit Beschäftigungen ein, auch, um mich abzulenken: Um fünf Uhr morgens buk ich Baguettes und stellte frische Pasta in einem Restaurant her, fertigte danach *Pies* und Frühstücks-*Cerialien* in einem anderen an. Ich nähte Jacken und Mäntel aus Stoffbahnen einer Weberin und produzierte verrückten Plastik-Schmuck für eine weitere Künstlerin.

Für meinen Vermieter, der die Mokassin-Fabrik besaß, entwarf ich moderne Schuhe. Dafür erließ er mir die Miete.

Zwischendurch passte ich auf fremde Häuser und Tiere auf (*House-/Dogsitting*). Ich begann meine perlenbestickten Lederjacken unter dem Label *„The Art of Being Seen"* (Die Kunst, gesehen zu werden) zu entwerfen und herzustellen.

Martina war zwischen Arbeit und neuer Liebe eingespannt, und Mary war mit Wolfgang, einem Deutschen, nach Berlin gezogen. Wenn ich zufällig Steve begegnete, warfen wir uns nur noch eisige Blicke zu.

Ich begann mit drei Freundinnen auszugehen: mit *Ilse*, einer deutschen Matrone, mit *Naomi* von den Bahamas, die *Voodoo-Puppen* sammelte und *Brownies* mit *„Pot"* buk und mit *Susan*, einer lebhaften, gestikulierenden Italo-Amerikanerin. Wir nutzten die *„Happy Hour"* der Bars, in denen es kostenlos Mexikanische Snacks und Getränke zum halben Preis gab. An solchen Abenden qualmten wir ohne Ende.

Wenn wir zu irgendeiner Live-Band tanzen gingen, traf ich immer wieder auf meinen ehemaligen, süßen Kochkollegen *Orlando*, der vorgab, volljährig zu sein. Seinen Ausweis hatte er gefälscht, sonst wäre er nirgendwo reingelassen worden. Dabei war er nur darauf aus, mich zu finden, denn er hatte gehört, dass ich geschieden worden war.

Als er dann wirklich *„21"* wurde, kam er Hals über Kopf in seinem türkisfarbenen Oldtimer angebraust. Ich schenkte ihm einen heißen Reggae-Abend, der allerdings bis zur Morgendämmerung dauerte…

Eines nachts kamen wir Girls aus der überfüllten Kneipe *„La Cocina"*, an der Plaza. Vor der Tür stand ein gelangweiltes Pferd, an eine Parkuhr gebunden. Bald nach uns kam *Dennis*

Hopper mit seinem Film-Kollegen *Dean Stockwell* raus. Er ballerte mit seiner Knarre ein paarmal in die Luft, und dann taumelten die Beiden mit dem Gaul davon.

Ein neues Auto musste her, denn es gab keine Busse oder Taxis in Taos, und die Entfernungen waren zum Laufen zu weit.

Mein unscheinbarer Nachbar *Charley* bastelte jeden Tag an alten Autos herum. Was niemand wusste: Er war der Sohn des Besitzers einer der größten Burger-Ketten der USA. Er überließ mir einen ausgeblichenen kupferbraunen Cadillac aus den fünfziger Jahren für wenig Geld. Dieses Riesengerät trug stolz einen Kranz aus Rostlöchern, wie Häkelspitze ringsherum, dröhnte wie ein Panzer und fraß unheimlich viele Gallonen Benzin. Aber er lief wie am Schnürchen.

Anfang Dezember tuckerte ich in meinem Cadillac Richtung *Aspen, Colorado*, wo gerade die Reichen, Berühmten und Schönen für die Skisaison eintrudelten. Der Wagen lag schwer auf den verschneiten Straßen. Ich hatte meine ersten fünf perlenbestickten Lederjacken im Gepäck, für deren Herstellung ich einige Monate gebraucht hatte. Die wollte ich in den einzigartigen Geschäften anbieten.

In zwei Tagen war die Bezahlung für meinen bereits gebuchten Deutschland-Weihnachtsflug fällig, meine Kasse dabei gähnend leer.

Ich klapperte ein paar exklusive Modeläden ab, doch es wurde keinerlei Interesse gezeigt. In einem kolossalen Eckladen namens „*Boogies*", in dessen Mitte Elvis' rotes *55er Corvette-Cabrio* stand, bat mich der Geschäftsführer, meine Jacken auf der ledernen Kunden-Sitzecke auszubreiten. Noch nicht ganz beendet, schoss eine super-gestylte Blondine auf mein teuerstes 5000-$-Ensemble aus schwarzem Lammnappa, Brokat und goldenen Perlen zu und rief hysterisch:

„Das will ich, das ist meins, meins, meins!!!"

Der junge „*Boogie*"-Mann war umgehend an allen meinen Jacken interessiert.

In meinem Kopf ratterte es, und als er mich fragte, was ich denn haben wollte, meinte ich scheinbar entspannt:

„2000 Dollar in bar, für 1000 Dollar Kleidung und den Rest bis nach der Skisaison in Kommission".

Sie verkauften dann weitere drei Jacken.

Ich konnte das „*Wunder von Aspen*" kaum fassen. Alles war so schnell gegangen! Somit konnte ich den Flug bezahlen, hatte ausgefallene neue Garderobe und musste nicht mal im eiskalten Auto übernachten.

35. …kommt von irgendwo ein Licht-lein her…

Noch immer war ich unsäglich deprimiert. Der Schmerz wollte nicht aufhören. Zur selben Zeit begann die Talkshow-Ikone *Oprah Winfrey* ihre nachmittägliche Fernseh-Show. Mit ihr konnte ich mich total identifizieren. Sie war eine Frau, die ebenfalls alle Höhen und Tiefen erlebt hatte, inklusive das Auf und Ab mit ihrem Gewicht.

Ich lernte viel von ihr über meine Stärken, Schwächen, Dankbarkeit und die in mir steckende Fähigkeit, Schicksalsschläge zu überwinden.

Dazu betrachtete ich immer wieder ein gerahmtes Bild, ein Geschenk meiner Patentante, auf dem in alter Handschrift und mit Blumen verziert geschrieben stand:

„Wenn du denkst, es geht nicht mehr, kommt von irgendwo ein Lichtlein her."

Das „Lichtlein" kam mit *Siggi*, einem Physiker von *Los Alamos*, dem Forschungszentrum, in dem *Robert Oppenheimer* die erste Atombombe entwickelt hatte. Es liegt ca. 100 km von Taos entfernt. „Deutscher Mann gesucht - ausschließlich zum Quatschen!", stand in meiner Annonce, die ich in den *„Santa Fé News"* aufgegeben hatte.

Siggi war nett, konservativ und hatte stets dieselben Witze auf den Lippen. Er war Gott-sei-Dank überhaupt nicht mein Typ (schneeweiß, wie 'ne Aspirin und mit roten Haaren). Trotzdem waren wir uns sympathisch.

Nun hatte ihn gerade seine Freundin verlassen, und er saß auf zwei Flugtickets und einem 14-tägigen Segeltörn, der mit vier weiteren Wissenschaftlern und zwei Frauen um die *British Virgin Islands* führen sollte. Alles war bereits bezahlt und nicht stornier bar.

Kurzerhand lud er mich ein, mitzukommen.

Ich stellte klar, dass ich dann **nur** für ihn waschen und kochen würde – sonst nix! Er war damit einverstanden.

Im Hotel in *Miami*, wo wir Zwischenstation machten, um am frühen Morgen in den Flieger nach *Tortola* zu wechseln, schien Siggi doch noch mal sein Glück versuchen zu wollen. Er hampelte in *Mickey-Mouse-Boxer-Shorts* andauernd um mich herum.

Ich blieb unbeeindruckt.

Wir trafen in *Road Town* ein, um bei dem rassigen Hafen-Chef *Roy* die gecharterte Segelyacht abzuholen. Der Käpt'n, seine Frau und ich kümmerten uns tagtäglich um Segel und Ruder, während Siggi bei der leichtesten Brise mit seinen *Perry-Rhodan*-Heften unter Deck abtauchte. Ich fand heraus: Er konnte gar nicht schwimmen!

Eines der Pärchen stritt entweder, oder liebte sich lautstark in ihrer Kajüte. Der Lustigste von allen war ein 70-Jähriger, mit dem ich abends im Dingi zur den nahegelegenen Inseln schipperte. Wir verspeisten leckere Fischgerichte, kippten Insel-Rum und durchtanzten die Nächte zu *Steel-Music*. Die Langweiler und Streithähne ließen wir zurück.

Tagsüber tauchten wir alle zwischen Schiffwracks, überwuchert mit Schwämmen und Korallen, umher oder schnorchelten in Strandnähe. Fischschwärme, knallbunt und neugierig, umzingelten uns in dem kristallklaren Wasser. Wir schwammen durch Grotten und kletterten vor *Virgin Gorda* auf dickbäuchigen Granit-Felsklumpen herum.

Am Strand von *Peters Island* aalten wir uns im schneeweißen Sand, von überdimensionalen Blättern vor der Sonne geschützt. Wir entkamen einem irrsinnigen Tornado. Unsere Männer verschwanden unter Deck und verriegelten die Luken. Die Wasserhose aber, zu einem mächtigen dunklen Rüssel, der bis in die Wolken hineinragte, angeschwollen, drehte wenige Kilometer vor uns ab. Ein grandioses Schauspiel, das uns vor Angst erschauern und winzig und hilflos erscheinen ließ.

Die Sonnenuntergänge waren ausnahmslos spektakulär.

Von Zeit zu Zeit legten wir in *Road Town* an, um Lebensmittel einzukaufen. Jedes Mal trafen wir auf Roy, der mich erfreut anstrahlte. Seine schwarzen Muskeln glänzten in der Sonne. Dazu die schneeweiße Kleidung, Palmen wedelten im Hintergrund, strahlend-blauer Himmel – alles wie auf einer Angeber-Postkarte.

Und Taos war sooo weit weg – nicht nur in Meilen!

Nach einer Woche flog mein Tänzer nachhause. Nun kam Roy abends lautlos mit einem mehrstöckigen *Speedboat* angerauscht. Ich tauchte ab ins lauwarme Wasser und schwamm zu ihm hinüber…

Aloha-he-o-he… Am Morgen war ich zurück.

Siggi schien es nicht zu kümmern, und die anderen ließen ebenfalls nichts mir gegenüber verlauten.

Ich kochte und wusch die Wäsche für Siggi, wie abgemacht.

Nach der Reise traf ich ihn noch ein paar Mal. Er stellte mir sogar später seine Verlobte vor, bevor er mit ihr auf einen geheimen US-Stützpunkt im Pazifik umzog. Er hatte es mit ihr offensichtlich gut getroffen, denn die attraktive Frau konnte über seine Witze immer noch herzlich lachen.

Völlig unerwartet stand Roy ein paar Tage nach meiner Rückkehr vor meiner Haustür. Er kannte vom Yacht-Club viele Geschäftsleute, und so hatte er bereits eine Zusage für einen guten Job in Denver in der Tasche. Ich konnte mich jedoch mit dem Gedanken, eine Beziehung mit ihm einzugehen, nicht anfreunden. Es war so leicht gewesen, in Urlaubsstimmung, insbesondere vor der traumhaften Kulisse, Feuer zu fangen. Aber hier passte es nicht mehr. So zog er enttäuscht wieder ab.

Der Gouverneur Jimmy Morningtalk, ein großzügiger, humorvoller Mann, dessen weiche Gesichtszüge väterliche Wärme ausstrahlten, tauchte nun, da Steve von der Bildfläche verschwunden war, immer öfter auf. Er lud mich zum Frühstück bei *Michaels* ein, nahm mich mit auf seine Büffelranch oder zu Besuch bei seinen erwachsenen Kindern. Im Pueblo hatte er einen Laden, und hin und wieder bestand er darauf, dass ich mir dort etwas Schönes aussuchen sollte: silberne Ohrringe, eine Ton-Vase oder einmal sogar eine Riesentrommel, die ich als Tisch benutzen wollte. Auf der Fahrt zu einem anderen Pueblo warf er mir ein zusammengerolltes Zeitungsbündel auf den Schoß.

Ich traute meinen Augen nicht: es waren Adlerfedern. Kichernd lugte er unter seiner mit einem Perlenband geschmückten *Baseball-Cap* hervor und meinte:

„Du bist doch Eine von uns...".

Ich war sprachlos.

36. Und noch mehr Licht

Als Gouverneur hatte Jimmy Morningtalk mir erlaubt, Werbefotos mit meinen Jacken vor der außergewöhnlichen Pueblo-Kulisse zu machen. Eine selten gegebene Genehmigung für kommerzielle Aufnahmen.

Indessen führte mich mein Weg immer öfter nach *Santa Fé*, um Perlen, Leder und Zutaten für die Jackenherstellung einzukaufen. Manchmal wählte ich einen Umweg über *Chimayo*, einem Wallfahrtsort. Hier stand die berühmteste Pilgerstätte der USA, die *Santuario de Chimayo*. Wer hier etwas Sand aus einer Grube des winzigen, düsteren Altarraumes nahm und sich damit bestäubte, würde bald wieder sehen, gehen oder sonstigem Leid entkommen können. Davon zeugten Bilder und Dankesbriefe, Krücken sowie Heiligenbilder, die an den Wänden bis unter die Decke befestigt worden waren.

Dazu konnte man in einem kleinen Lädchen nebendran einen Haufen Kitsch, wie einen leuchtenden Jesus fürs Auto, Maria-Kerzengläser und *Milagros*, kleine Metall-Glücksbringer, kaufen. Ich liebte den Laden!

Nicht weit entfernt: *Rancho de Chimayo*, eine idyllisch gelegene *Hacienda*, auf der es leckerste mexikanische Speisen und Cocktails gab.

Vorbei an *Camel Rock* und der *Santa Fé Opera*, rollte ich singend zu *Eliza Gilkysons „Lights of Santa Fé"* auf der langgezogenen Steigung Richtung Stadt:

> *Ich fahre bei Nacht auf dem Highway Twentyfive,*
> *selbst mit verbundenen Augen würde ich den Weg kennen,*
> *hinüber über die Anhöhe, wo, wie ein Juwel in den Bergen,*
> *die Lichter von Santa Fé erscheinen.*

Ich dachte immer häufiger daran, nach Santa Fé zu ziehen und meine Vergangenheit, die mich in Taos täglich einholte, hinter mir zu lassen. *„Blue Rose"*, ein neues Outlet für meine Jacken, hatte ich hier bereits gefunden. Die Besitzerin *Pat Peterson* wurde eine sehr enge Freundin.

Also was hielt mich noch davon ab?

Da bekam ich einen Anruf von meiner Freundin Vera aus Hannover. Meine Freunde, die Brüder Micha und Thomas, Zahnarzt und Arzt, wollten mit ein paar Leuten von Algier aus die Sahara durchqueren. Sie hatten schon mehrere Wüstentouren in *Namibia* gemacht. Mit den Zweien zusammen hatte ich früher in unseren Landcruisern das Truppenübungsgelände in der Heide unsicher gemacht.

„Ich würde so gerne dabei mitmachen." erklärte Vera. „Ich brauche aber noch einen Beifahrer für den Wagen. Willst du nicht mitkommen? Das wäre ja so toll! Du bist die ideale Besetzung. Du kennst dich mit dem Toyota aus, warst bereits in Algerien und sprichst Französisch."

Vera und ich waren zusammen durch Mexiko gereist, hatten die kniffligsten Abenteuer gemeistert und waren zusammen durch dick und dünn gegangen.

„Das wäre wirklich super, aber ich bin sowas von blank! Da müsste schon ein Wunder geschehen, bevor das passieren würde!", meinte ich dazu.

Zwei Tage später rief Vera wieder an:

„Das Wunder ist geschehen! Micha will deine Reise bezahlen."

Wir haben gejubelt vor Freude.

Nun brauchte ich nur noch ein Flugticket nach Deutschland. Sofort begann ich einen Abend-Job in einer Hotelbar, verkaufte meinen Schmuck und die Silberbestecke meiner Groß-mutter. Mein Häuschen vermietete ich während meiner Ab-wesenheit an Ski-Touristen.

Wenige Wochen danach ging es nach Germany. Wo ein Wille ist…

Meine Eltern waren nicht besonders verwundert. Sie waren ja schon Einiges von mir gewohnt und rüsteten mich mit ei-nem Sahara-Buch, Reizgasflasche und einer Kranken-Rück-transport-Versicherung aus.

Vera und ich trafen unsere Tour-Mitglieder (Micha, drei Männer und eine Frau) zu Besprechungen. Unseren Geldbe-darf und alle Strecken waren schon „genau" berechnet, sowie die Rückflugtickets besorgt. Eine neue Mannschaft mit Thomas sollte in *Burkina Faso* die Wagen übernehmen, um da-mit die gleiche Etappe rückwärts durchzuführen.

Auf keinen Fall sollten wir Bargeld oder Kredit-Karten mit-nehmen, falls wir überfallen und ausgeraubt werden würden.

Die drei Wagen, ein Mercedes und zwei Landcruiser, wur-den durchgecheckt, Seilwinden und Dachzelte angebracht. Sandbleche, Benzin- und Wasserkanister, Werkzeuge, Ersatz-teile, Kochutensilien und Schnellgerichte verteilten wir auf alle drei Fahrzeuge gleichmäßig. Jeder von uns bekam eine kleine Metallbox, in der wir nur das Nötigste mitnehmen durften - des Gewichtes wegen.

Dass die Männer reichlich Bier-Vorräte versteckt hatten, fan-den wir erst viel später heraus.

Eingesammelte Werbegeschenke, wie Kugelschreiber, Schreibblöcke und Feuerzeuge stopften Vera und ich mit in unsere Kisten. Die würden sicher als Gastgeschenke nützlich sein.

Die dickste Kleidung wollten wir anziehen und dann nach und nach weggeben, denn nachts war es im nördlichen *Maghreb* eisig, während es in Richtung Süden immer wärmer werden würde.

Bei strömendem Regen fuhr unser Dreiergespann nach Marseille, um dort auf einem Frachter mit *sehr* einfachen Schlafkabinen Richtung Algier zu tuckern. Dank einiger französischer Wüsten-Explorer an Bord wurde es eine sehr heitere zwanzigstündige Überfahrt mit reichlich Champagner. So mussten wir keine Minute auf den harten Metallpritschen schlafen.

Beim ersten Anblick der blinkenden Lichter Algiers im Abendlicht, überkam mich ein ungeahntes Heimweh.

Als unser Kahn im Zollhafen festmachte, wurde unser Landcruiser als Erstes abgefertigt. Nun wollte ich Vera unbedingt zeigen, wovon ich ihr die ganze Zeit vorgeschwärmt hatte.

Da hinter uns viele Analphabeten zur Abfertigung kamen, die Probleme mit dem Ausfüllen der Papiere hatten, und unsere zwei anderen Geländewagen ganz hinten am Heck standen, konnte es dauern. Unsere Unterlagen waren flugs fertig, und weg waren wir.

So kurvten wir zwei spontan die Serpentinen der Hauptstraße hinauf.

Ich kannte mich sofort wieder aus. Die Straßen waren gefüllt mit laut schwätzenden, teetrinkenden Männerhorden in weißen *Burnussen*.

Alte Bilder tauchten vor mir auf. Wie oft war ich diesen Weg schon hinuntergelaufen? Ich hatte die Geschäfte mit den allerschönsten Stoffen aufgesucht, denn es gab immer irgendwo ein Fest zu feiern.

Am Straßenrand hatte ich alten Frauen hauchdünne Teigblätter für Hackfleisch-Füllungen oder Mandel-Honig-Röllchen abgekauft. An Straßenständen besorgte ich duftende Gewürzmischungen und habe mir den Mund beim Probieren der scharfen *Harissa*-Paste verbrannt.

Bei dieser Erinnerung musste ich unweigerlich lachen. Ich sah die Einheimischen vor mir, wie sie feixten, als ich wie ein Derwisch umhersprang und nach Luft japste.

Bis sie mir Wasser reichten…

Schwaden von brutzelnden *Brochettes,* leckeren Grillspießen, und Dieselgestank zogen nun durch unsere offenen Wagenfenster.

Wenn wir mal anhalten mussten, staunten die Araber vor den Cafés nicht schlecht über die zwei Mädchen, die allein in einem Landcruiser mit Sahara-Ausrüstung in der Gegend herumkutschierten.

Am oberen Stadtrand angelangt, herrschte Stille. Hektik und Lärm des brodelnden Verkehrs drangen nur noch gedämpft zu uns herauf. Ein Gemisch aus Holzfeuerqualm und Jasmin-Duft lag in der Luft. Hier, oberhalb der Kasbah, hatte ich mal gewohnt. Die weiße Stadt lag märchenhaft unter uns. Wir betrachteten den erleuchteten Hafen, die Kähne, das glitzernde Meer. Es schnürte mir die Kehle zu vor Glück.

Es war wie nachhause kommen…

Kurz nachdem die beiden anderen Wagen wieder am verabredeten Treffpunkt vor der Kaimauer beisammenstanden, waren auch wir eingetroffen. Das Gemecker über unser eigenständiges und *gefährliches* Handeln war trotzdem groß.

Im Konvoi rollten wir aus der Stadt Richtung Süden und verbrachten den Rest unserer ersten Nacht neben einer Backsteinruine, die von Ziegen bewohnt war. Hier ergatterte ich einen Dachziegel, auf dem *„Maison Carrée Alger"* eingebrannt war.

Er ist bis heute mein Kleinod, das all meine Erinnerungen bewahrt.

37. Ab in die Wüste

Am frühen Morgen jagten die Männer in ihren Wagen auf schnurgeradem Schotterweg gen Süden, als ob sie auf der Flucht waren. Vera und ich mit einigem Abstand hinterher, um keine hochgeschleuderten Steine abzubekommen.

Ich erinnerte mich: als ich in den 70ern hier lebte, hielten wir auf dieser Strecke auf dem Weg zu einer Oase an. Kinder, die sich hinter Sandhügeln versteckt hielten, boten einen *Fennek*, einen Wüstenfuchs, zum Kauf an. Sie hatten ihn an einer Schnur festgebunden und auf die Fahrbahn laufen lassen, wenn sich ein Fahrzeug näherte. Es war ein verängstigtes, wunderschönes Tier, sandfarben und mit Riesenohren.

Natürlich ließen wir ihn ein paar Kilometer weiter wieder frei.

Jetzt kamen uns etliche Militärfahrzeuge entgegen, ohne dass wir kontrolliert wurden. Es gab allerdings auch noch keinen Terrorismus.

Nach 600 km erreichten wir die Oasenstadt *Ghardaïa*. Hier standen unzählige weiße, bläuliche und ockerfarbene Häuser baukastenförmig angeordnet. Frauen huschten mit vom Wind aufgeblähten Schleiern durch die Seitengassen. Ihre Gesichter waren verhüllt bis auf einen kleinen Sehschlitz für ein Auge. Ein weiträumiger Marktplatz in der Mitte der Siedlung war mit Arkaden umsäumt. Aufgekrempelte Säcke gefüllt mit Hirse, klebrige Datteln in Kartons, aus denen süßer Duft strömte, sowie Körbe, gefüllt mit Gewürzen oder Orangen, standen unter den weißgetünchten Bögen. Es wurde gerade ein Kamelmarkt abgehalten, auf dem die Tiere mit zusammengebundenen Läufen geduldig ausharrten. Manche Trampeltiere kauten dorniges Gestrüpp, andere ließen mit erhobenem Kopf markerschütternde Schreie ertönen. Männer schlurften umher, betrachteten die Gebisse der Wiederkäuer, drückten hier und fummelten dort. Einige Verkäufer lagen im Schatten ihrer Tiere, auf Strohsäcken ausgestreckt.

Wir konnten scheinbar völlig unbeachtet umherlaufen.

Auf der Weiterfahrt kamen uns nur noch vereinzelt LKWs entgegen. In der Ferne erschienen schemenhaft Silhouetten von Wüstenschiffen. Ein Luftstrom, der uns beharrlich eine Fahne aus gelbem Sand in die offenen Fenster blies, tauchte unsere Klamotten in ein sanftes Ocker. Und bald war die asphaltierte Straße gleichfalls mit gelbem Sand bedeckt, sodass wir uns an Lastwagenspuren, dicken Gesteinsbrocken oder mit dem Kompass orientieren mussten.

Es gab weder Klimaanlagen, noch Handys oder GPS zu jener Zeit.

Duschen war tagelang nicht möglich. Jeder bekam am Morgen eine Tasse voll Wasser zum Waschen, und eine zum Zähneputzen. Der Rest der Wasservorräte war zum Trinken, Kochen und Abwaschen.

Wir gewöhnten uns schnell daran.

Silvester - unsere erste Nacht in der Wüste und die kälteste meines ganzen Lebens! Wir schlugen unser Lager in einer von einem Felsen abgeschirmten Nische auf. Eingepackt in doppelte Jacken, Hosen und Wollmützen, teilten wir uns die einzige mitgebrachte Flasche Sekt. „*Don`t worry, be happy*"-grölend, hopsten wir mit Wunderkerzen in den Händen ums Lagerfeuer. Es brachte nichts. Bald schon lagen wir steifgefroren in den Schlafsäcken und versuchten, diese Nacht zu überstehen. Mit der Morgensonne tauten wir ganz langsam auf.

Oft saßen in der Frühe Gruppen kleiner, in Tücher gehüllter Kinder stumm zwischen unseren Vehikeln. Dabei war am Abend zuvor weit und breit keine Behausung zu sehen gewesen. Wir schenkten ihnen Schreibsachen, oder gaben ihnen ein Foto von sich mit, welches wir mit der mitgebrachten Polaroid-Kamera geschossen hatten.

Jeden Morgen verrichteten Vera und ich brav unsere Check-Ups am Wagen und freuten uns auf einen Tag mit positiven Überraschungen. Doch wir wurden immer wieder enttäuscht. Auf der gesamten Strecke, weder in kleinen Oasen noch bei Sehenswürdigkeiten, wurde angehalten. Wasser- und Benzinkanister waren ja gefüllt, Zigaretten und Konserven reichlich an Bord, Pinkelpausen kaum nötig, da bei der Hitze alles über die Haut verdunstete.

Fotos durften wir nur aus dem Wagenfenster schießen!

Es schien uns, als ob nichts als eine weitere Wüstendurchquerung abgehakt werden sollte, oder die Zeit war zu knapp bemessen worden. Wir wussten es nicht. Fragen und Gespräche verliefen ergebnislos. Einer unserer Mitfahrer schien der Leithammel zu sein, der den Ton angab. Die anderen, selbst Micha, machten ohne Widerrede mit.

Wozu waren wir überhaupt mitgekommen, wenn wir nicht mal anhalten, etwas ansehen oder in Kontakt mit Einheimischen kommen konnten?

Die Stimmung wurde ziemlich mies. Vera und ich waren stinksauer!

Wir berauschten uns dafür an den grandiosen Nächten in absoluter Stille. Der Himmel war so nah mit seinen unzähligen Sternen, und wir sahen zig Sternschnuppen. Die Milchstraße, Sanddünen oder Felsformationen gaben die Kulissen.

Man kam sich so unbedeutend und unscheinbar vor, wie ein winzig-kleines Sandkorn im Universum.

Ca. 270 km von *Ghardaïa* entfernt, landeten wir in *El Golea,* der Oase der 100.000 Palmen. In diesem Paradies machten wir plötzlich und überraschenderweise Rast. Alle hatten mächtigen Hunger und wollten mal etwas Anderes essen, als Tütensuppen und Nudeln mit Tomatensoße.

Zudem mussten einige mal austreten. In den Häusern der Oase gab es dafür ein etwa 20 cm großes Loch, durch das man zielen musste. Bei mehreren Etagen lag ein solches Loch genau über einem anderen. Ganz unten befand sich dann eine Grube. Papier gab es nicht. Eine Hand voll Wasser aus einem Eimer musste genügen.

In dieser Oase waren sämtliche Grundstücke mit hohen Lehmmauern umsäumt, die das Zuschütten und Freischaufeln der Pflanzen vom herangewehten Sand verhindern sollten.

Hinter den Wänden schossen dicht bei dicht mächtige Dattelpalmen in die Höhe, welche die unter ihnen wachsenden Aprikosen- und Orangenbäume vor Sonnenlicht schützten. Diese wiederum bewahrten die Tabakpflanzen, Reben, Gemüse- und Getreidebeete darunter, vor allzu großer Hitze. Die Wurzeln der Bäume reichten tief bis in den Grundwasser-Strom hinein.

Die Sahara ist eines der grundwasserreichsten Gebiete der Erde.

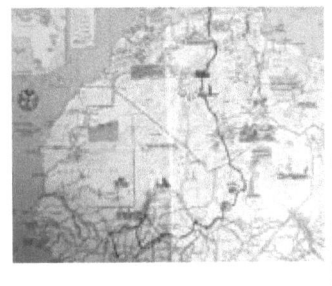

38. Der türkisfarbene Turban und ein Überfall

Sieben Leute saßen nun um ein wackeliges Tischchen herum, das vor einem quadratischen Mauerloch mit der dahinter befindlichen Garküche aufgestellt war. Hier wurden wir mit Lammfleisch, Kichererbsen, Auberginen und frisch gebackenem Fladenbrot beköstigt – ein Hochgenuss nach unseren eintönigen Malzeiten!

Als unsere Jungs nach dem Schmaus rauchend mit dem Erzählen ihrer Heldenreisen begannen, flüsterte ich Vera zu, dass ich mich allein davonschleichen wollte, um mich ein wenig in der Gegend umzusehen. Ich wanderte an einer Mauer entlang, sah ein paar Kindern zu, wie sie ein Wurfspiel mit Steinen spielten. Ein turmhoch mit Kisten beladener Esel wurde von einem Knaben den staubigen Weg entlang getrieben. Das Rauschen der Palmenwedel im Wind, Gezwitscher tausender Vögeln, entferntes Hundegebell und Eselgeschrei, ein orange-roter Himmel und der Duft von Jasmin brachten mich beim Bummeln in eine glückselige Stimmung. *Salam*. Hier war alles so friedlich.

Plötzlich spürte ich Blicke auf mir. Langsam drehte ich mich um. Ein Wüstensohn mit einem türkisfarbenen Turban beobachtete mich, während er Ballast auf einem Geländewagen verschnürte.

Die Enden seiner Kopfbedeckung waren lässig um die Schultern geworfen. Seine dunklen Augen, dicht mit gebogenen Wimpern umrahmt, folgten mir jetzt durch den Sehschlitz. Sogar noch, als ich zögernd um den Palmenhain herumschlenderte und dabei heimlich zu ihm hinschielte.

Herzklopfen… Ich weiß nicht, was an diesem *Kel Tagelmust*, an diesem Schleierträger, so besonders war, außer der Farbe seines Turbans. Die meisten waren schwarz, weiß oder mit Indigo blau gefärbt. Und sowieso: wenn die Verschleierten ihren Baumwollschal mal herunterzogen, kam nicht selten ein schrumpeliges, bartstoppeliges Faltengesicht mit braunen Zahnstummeln zum Vorschein. Dazu kleine verfilzte Haarlöckchen.

Und futsch war der Zauber!

Aber bei diesem hier bibberte mein kleines Herz noch, als ich Vera von der unerwarteten Begegnung berichtete. Von seinen warmen Blicken und den hinreißenden Augen, die mich unter dem türkisfarbenen Turban verfolgt hatten. Ich sah sie noch immer über mir, als ich im Schlafsack hoch oben im Dach-Zelt lag und auf den Schlaf wartete.

Einen Tag später… eine *Fata Morgana*?

An der Tankstelle, an der jeder Saharareisende seine Wasser- und Benzinvorräte noch einmal auffüllte, bevor er sich wieder auf die holprige Wellblechpiste begab, wollte derselbe Wüstensohn im türkisfarbenen Turban gerade in einen Jeep einsteigen. Ich glaubte, trotz seines locker über der Nasenspitze baumelnden Gesichtsvorhanges, ein breites Lächeln zu erkennen. Er sah lange zu mir herüber. Mein Herz sank erneut in meine Pluderhosen, als ich ihn rufen hörte: *„Au revoir, ma belle!"*.

Für die nächsten Tage erhellte das Bild dieser Lichtgestalt meine Gedanken. Und vielleicht dachte der Verschleierte ja auch ein bisschen an mich… *Inch Allah!*

In der Nacht fantasierte ich unter dem unglaublich nahen Sternengewölbe und zu der Musik der *Moody Blues*, die aus meinem kleinen Walkman tönte:

„I know you're out there somewhere…"…Ich weiß, dass du irgendwo da draußen bist, und eines Tages…

Wir hatten noch 600 km vor uns bis *Tamanrasset*.

An jedem Morgen wurde über Vera hergezogen, weil sie sich schminkte. Sie fühlte sich damit eben wohler. Die Männer motzten, obwohl wir längst an unserem Wagen Öl, Wasser und alle wichtigen Dinge überprüft hatten.

Jeden Abend kamen mehr und mehr Dosen versteckter Bier-Vorräte zum Vorschein. Wir allerdings durften nicht mal „schwere Lebensmittel", wie Kartoffeln, einkaufen, da die Wagen nicht zu sehr „belastet" werden durften. Deshalb hielt ich meinen Algier-Dachziegel auch gut versteckt. Das alles war so unglaublich lächerlich!

Die beiden ersten Autos fuhren stets so dicht hintereinander her, dass der zweite Wagen schließlich durch ein hochgeschleudertes Felsstück am Tank beschädigt wurde. Er musste in einer kleinen Oase notdürftig geflickt werden, während wir auf den Markt „durften". Der Starrsinn und die Angeberei unserer Begleiter, dazu die zu allem jasagende dritte Frau, gingen uns zunehmend auf den Senkel.

Für dieses Debakel war ich extra aus den USA angereist?

Ich hatte mir nun fest vorgenommen, in *Tamanrasset*, der letzten Station vor der gefährlichsten Sahara-Etappe, ein Ticket zurück nach Algier zu ergattern. Ich würde mit dem Bus, der alle 1-2 Wochen Richtung Norden fuhr, von Tam aus abhauen, in Algier zur Botschaft gehen und mir dort einen Rückflug nach Deutschland beschaffen.

Ein Lastwagen war eines nachts zu unserem durch das Lagerfeuer erhellten Wüstencamp gestoßen. Wir unterhielten uns mit Händen und Füßen mit dem durchaus freundlichen Fahrer. Ein *Heinecken* Bier gab es auch für ihn.

Dazu spielten wir die aktuellsten *Raï*-Kassetten, was ihn strahlen ließ. Unerwarteter weise holte dieser Geselle aus seiner Fahrerkabine eine *Couscousière*, Wasser in Plastikflaschen und in Zeitungspapier gewickelte Suppenknochen, Gemüse und Gewürze. Im Handumdrehen machte er daraus das beste *Couscous*, das ich je in meinem Leben gegessen habe.

Obwohl wir unsere Männer davor warnten, einem Moslem, der sicherlich keinen Alkohol gewohnt war, noch mehr Bier zu geben, machten sie sich einen Spaß daraus, ihn abzufüllen. Es wurde lauter und lauter, bis sie unseren Besucher in seine Kombüse verfrachteten.

Es gab zwar Schlangen und Skorpione in der Wüste, aber wir glaubten, in unserem Dach-Zelt sicher zu sein. Doch mitten in der Nacht wachten wir auf, weil etwas an unserer Leiter, die zum Zelt hinaufführte, heraufkraxelte. Der sternhagelvolle Brummifahrer versuchte sich mit aller Kraft zu unserem Schlafplatz hinauf zu hangeln. Wir versuchten, ihn ebenso kraftvoll wieder herunter zu stoßen. Erst als unsere Männer mit Gebrüll von unten an ihm herumzerrten, gab er auf.

Im Morgengrauen war er verschwunden.

39. Tam und Dadi

Ein Abstecher zum *Marabut* des *Sidi Moulay Hassan* ist für jeden Sahara-Durchquerer Pflicht. Das Grabmal des Heiligen muss dreimal umfahren werden, damit man gesund und unfallfrei durch die Wüste kommt. Es liegt auf dem Weg nach Tam. Vera und ich hatten uns schon geärgert, dass die anderen beiden Wagen wieder mal trotz Schotterpiste mit hoher Geschwindigkeit vorgeprescht waren.

Als wir ankamen, waren sie in der letzten Umrundung gegen den Uhrzeigersinn begriffen. Nun behaupteten wir, es stünde geschrieben, dass nur das Umrunden rechts herum den Schutz des Heiligen brächte.

Und schon zuckelten sie noch einmal drei Runden im Uhrzeigersinn hinter uns her. Sicher war sicher! Aber diesmal gaaaanz langsam.

Dann wurde sofort wieder aufs Gaspedal gedrückt. Über eine holprige Geröllwüste, die nur so auf den Wagenachsen und auf unseren Nerven rumhämmerte, schossen wir am *Hoggar* Gebirge mit seiner prachtvollen Bergkulisse vorbei. Es gab kein Anhalten, weder um die Einsiedelei des Mönches *Foucauld,* noch die prähistorischen Felsbilder zu besichtigen. Erschöpft von hunderten von Kilometern unter sengender Sonne, erreichten wir endlich *Tamanrasset.*

In der Stadt drängten sich blaugekleidete Tuareg, allesamt in langen Indigo-Kaftanen und schwarzen oder dunkelblauen Turbanen. Selbst ihre Haut hatte die blaue Farbe angenommen. Uniformierte Männer mischten sich unter zerzauste Wüstenfüchse.

Gelände-Motorräder, umgebaute Armee-Laster, *Hanomags* und Jeeps juckelten die staubige Hauptstraße entlang.

Am Straßenrand befanden sich winzige Läden, mit kunterbunter Ware. Webteppiche, Tuareg-Schmuck, Stoffe, Kamelleder-Taschen und Säbel baumelten an den bröckelnden Lehmmauern. In Straßencafés wimmelte es von wildaussehenden Kerlen.

Das gefiel Vera und mir schon erheblich besser!

Und plötzlich war auch unsere Mannschaft allerbester Laune.

Der sehr geräumige Campingplatz, von hohen Mauern umgeben, war belegt mit internationalen Abenteurern. Wir duschten ausgiebig den Sand aus Haaren und Poren, kauften frische Lebensmittel und wollten für ein paar Tage entspannen. Es gab genügend Heinecken, und unsere Begleiter konnten endlich an den Wagen rumschrauben.

Nachdem unsere Männer die Blattfedern der Autos auf etwaige Risse überprüft, geschmiert und die Räder wieder anmontiert hatten, schickten sie Vera und mich gleich mal mit unserem Landcruiser los, um unseren Wasser- und Benzinvorrat an der Tankstelle aufzufüllen. Unsere Kerle kicherten sich eins, weil sie wohl glaubten, dass wir das alleine nicht schaffen würden.

Aber an der Station bekamen wir sofort Hilfe. Junge Berber hievten die vollen Kanister in Null-Komma-Nix wieder in die Halterungen auf dem Dach und zurrten sie fest. Frohgestimmt von den netten Begegnungen, kamen wir zurück auf den Campingplatz gerollt, als plötzlich unser Vehikel anfing, herum zu eiern. Sofort stoppten wir, und das Grinsen verging uns schlagartig. Das linke Hinterrad hing nur noch so eben auf der Radnabe. Alle Muttern waren bereits futsch!

Wir waren geschockt! Nicht auszumalen, was passiert wäre, wenn der beladene Wagen mit den vollen Benzinkanistern umgestürzt wäre…

Dieser Vorfall bestärkte meinen Wunsch, abzuhauen! Ich war sowas von genervt von den Dilettanten, Trinkern (inklusive der Frau) und Nörglern. Es brauchte schon einige Überredungskunst, mich davon zu überzeugen, doch noch das letzte Stück Wüste bis zum Niger mitzufahren. In Niamey, der Hauptstadt, würden sie mir dann ein Rückflugticket kaufen. Als ich letztendlich zustimmte, war Vera froh.

Micha zog am Vormittag mit mir zur Hauptstraße. Er hatte einen Säbel entdeckt, auf den er erpicht war. Und ich wollte unbedingt diesen Tuareg-Beutel ergattern, auf den ich ein Auge geworfen hatte. Micha plante, seine Ski-Jacke und ich, die „goldene" Uhr, die mein Vater mir zum Tauschen mitgegeben hatte, einzusetzen. Ich kann nun mal gut verhandeln, und mit Französisch und ein paar Brocken Arabisch war der angestrebte Deal bald gemacht.

Diese geheimnisvolle Tuareg-Tasche aus Kamelleder, mit farbigen Nomaden-Mustern versehen, enthielt noch Indigo-Farbe und ein paar uralte Münzen. Sie duftet noch heute nach Abenteuern.

Auf dem Weg kam zur Sprache, warum Micha meine Reise bezahlt hatte: zu seiner Zahnarzt-Praxis-Eröffnung hatte ich ihm etwas gebastelt, was ihm in schwierigen Situationen immer wieder Mut gab. Dafür war er dankbar. Das gesamte Geld für die Reise habe ich ihm jedoch später in einem ähnlichen Tuareg-Beutel an die Wand gehängt.

Am Abend gingen Vera und ich zu den Duschräumen, um Wäsche zu waschen, doch das Wasser war eiskalt.

Gerade als wir die Aktion bis zum nächsten Tag verschieben wollten, tauchte dieser unverschämt gutaussehende Kerl auf, der uns, und besonders mich, aus seinen pechschwarzen Augen, umkränzt von Lachfalten, anstrahlte. Er machte einen adretten Eindruck. Sein knackiger Po stach mir trotz der Plissee-Falten seiner Pluderhose immer wieder ins Auge. Einfach süß, der Typ! *Dadi Addoun* war gebürtig aus der Oasen-Stadt *Ghardaïa,* die wir anfänglich besucht hatten.

Er war gerade aus Paris angereist, um seinem Cousin auf dem Campingplatz zu helfen. Nun beeilte er sich, für uns Eimer mit warmem Wasser heranzuschleppen. Er machte dabei Faxen, damit wir ihm ja nicht fortliefen. Wer bitte hatte den denn geschickt?

Nach dem Waschen servierte er uns vor dem Gebäude Mandel-Gebäck und Pfefferminztee aus blindgeschabten Gläsern. Wir lachten viel, während wir uns noch ewig unterhielten. Vera schrieb indes Karten an ihren Freund in Deutschland, denn sie verstand kein Französisch.

Unsere Leute liefen wortlos zu den Duschen an uns vorbei.

Unterdessen sprühten die Funken zwischen Dadi und mir.

Am letzten Abend traf ich ihn in seinem kleinen Zimmer, das nur mit einem Tisch, Stuhl und Pritsche ausgestattet war. Seine Kleidung hing ordentlich auf Drahtbügeln an der Wand, und an der Decke baumelte eine trübe Glühlampe.

Endlich allein, küssten wir uns.

Zarte pfefferminzfrische Küsse! Ich schmolz dahin…

Aber etwas war unheimlich: ich spürte, dass wir durch ein kleines Loch in der Milchglas-Fensterscheibe die ganze Nacht beobachtet wurden.

40. Meer ohne Wasser

Es ist immer leichter zu gehen, als zurück zu bleiben. Ich gab *Dadi* meine Adresse in Hannover und in den USA. Mein Herz blieb in Tam und ein Polaroid-Bild von ihm auf dem Dashboard unseres Wagens. Er war von nun an mein Lieblingsgedanke, als wir Richtung Niger zogen.

Einheimische hatten uns vor einer Sandsturmwalze gewarnt, doch unsere Männer beschlossen, die von ihnen gewählte Route zu nehmen. Unaufhörlicher Wind blies uns Sand entgegen, und die Piste verschwand allmählich unter Verwehungen. Wir hatten nur noch Felsbrocken und Kompass als Orientierung. Nicht selten lagen da gigantische, abgelöste LKW-Reifen, in die wir uns hineinsetzen und als Toiletten-Versteck benutzen konnten. Weit entfernt schaukelten Karawanen, mit tonnenschweren Salzplatten beladen, vorüber.

Die Nächte waren kühl und glasklar. Millionen von Sternen glitzerten in endloser Weite. Dazu spielten wir leise *„Discovery"*, die Musik vom *Electric Light Orchestra*…

Es war außerirdisch!

Tagsüber waren die trockenen 45° bei stetem Wind gut zu ertragen. Alle paar Kilometer kauerten ausgeweidete Autoskelette neben der Piste. Sie waren vom Wüstensand abgeschmirgelt und mit dem Datum des Unfalls bekritzelt. Manches Stück Schrott war von der Sonne schwarz gebrannt. Hier fanden PKW-Überführungen ein jähes Ende. Immer wieder brachten junge Leute billige Wagen nach Niger oder Togo. Häufig waren sie schlecht ausgerüstet, oder sie nahmen einfach die Gefahren nicht ernst. Sandlöcher konnte man nicht im Voraus erkennen, und so überschlugen sich dann falsch beladene Fahrzeuge. Auch unser Wagen geriet in ein Sandloch, während die Männer, wie so oft, weit voraus geprescht waren. Vera und ich juckelten erfolglos auf den von uns eingebuddelten Sandblechen hin und her, um wieder heraus zu kommen. Es half nichts. Just in diesem Moment - *Bismillah*, dem Herrn sei Dank - kam ein Tanklaster vorbei, an dessen Vorderachse wir uns mit Hilfe unserer Seilwinde herausziehen konnten. Unsere Jungs standen plötzlich wieder vor uns, doch da war bereits alles erledigt... Und wir Mädels waren stolz wie Bolle.

Unser Vergaser verstopfte auf einmal. Micha tauschte den Platz mit Vera und pustete alle paar Kilometer das Ventil frei, bis ihm die Gusche brannte. Ansonsten waren wir trotz unbarmherziger Hitze ganz gut durchgekommen - durch das *„Meer ohne Wasser"*.

Das konnte man von vier Deutschen aus Bottrop leider nicht sagen. Wir hatten zuhause bereits Berichte über die Vermissten gelesen. Den Wagen mit ihrer letzten Habe sahen wir nun an der Grenze zum Niger stehen. Weit ab von ihrer Route hatte man drei ausgetrocknete Leichen gefunden. Ihren Motorrad-Freund entdeckte man erst drei Monate später. Uns überkam Trauer, aber auch Dankbarkeit, dass für uns alles gut gegangen war!

Das bizarre Minarett der Freitagsmoschee in *Agadez* begrüßte uns von weitem. Vera und ich wollten eine Tour mit einem Führer machen. Doch wir durften den hoch ummauerten Campingplatz - laut Ansage unserer Begleiter - nicht verlassen. All unsere Proteste nützte nichts. Am nachfolgenden Heinecken-Gelage unserer Weggenossen nahmen wir aus

Trotz nicht teil. Gegen Morgen flog unser volltrunkenes Pärchen im Streit und im hohen Bogen aus ihrem Dach-Zelt. Wir hatten längst vermutet, dass die Beiden Alkoholiker waren.

Die Fahrt am nächsten Tag erstreckte sich durch ein verlassenes, verödetes Land. Ein schwachroter Himmel schimmerte durch Sandwolken, und es gab kaum Vegetation.

In der Hauptstadt *Niamey* flog das Paar auf eigenen Wunsch zurück nach Deutschland. Nun blieb ich erst mal. Jetzt waren wir zu fünft!

Während die Anderen zum Flugplatz fuhren, vertrieben Vera und ich uns die Zeit auf dem Markt, der unter einem kolossalen Bogengewölbe ausgebreitet war. Es herrschte ein buntes Treiben. Frauen trugen Babys auf dem Rücken, während sie einkauften oder arbeiteten. Trotz der für uns irren Hitze, schien hier jeder zu frieren. Wir tauschten bei ein paar kichernden Mädchen unsere nunmehr ausgediente, warme Kleidung gegen farbenfrohe Batikstoffe, Batterien und Erdbeeren ein. Wir waren so happy, dass wir endlich mal alleine losgehen durften.

Ich schrieb eine Karte an Dadi: „*Tu me manque - Habibi!*" Du fehlst mir!

41. Ouaga und Mopti

Es ging weiter nach *Ouagadougou*, der Hauptstadt von *Burkina Faso*. Hier mussten wir im Deutschen Konsulat unsere geglückte Sahara-Durchquerung vermelden. Burkina Faso wurde mit Deutscher Entwicklungshilfe, insbesondere im landwirtschaftlichen Bereich, gefördert. Wir konnten überall deutlich spüren, dass wir als Deutsche hier einen gewissen Respekt genossen.

Wir steuerten einen sauberen Campingplatz in Ouagadougou an, auf dem die Übergabe der Wagen an die Rückkehrer-Gruppe in zwei Wochen erfolgen sollte. Ein paar schwarze Frauen, grell geschminkt und in tief ausgeschnittenen Glitzerkleidern, die auf neue Besucher gewartet zu haben schienen, saßen lässig drapiert auf weißen Schmiedeeisen-Stühlen. Unsere drei Männer umzingelten sie sofort und ließen sich, ohne jegliche Sprachkenntnisse, volllabern.

Vera und ich sortierten unsere Klamotten für die Wäsche. Dann nahmen wir ein Taxi, um im Café *„Kings Bar"* im Zentrum zu landen. Hier tobte das Leben. Stinkenden Mopeds knatterten qualmend vorbei. Tausende von Fahrräder, mit Pärchen, Kindern, Tieren und Taschen bepackt, mogelten sich dazwischen durch. Die Luft war warm und klebrig und stank nach verschmorten Reifen. Aufgedonnerte Mädchen, freundlich und anhänglich, scharrten sich neugierig um uns, als wir uns vor dem Café niederließen. Sie lachten, stellten uns viele Fragen und boten uns hübsche geflochtene Plastik-Armreifen an.

Ich wünschte, ich hätte davon einen Koffer voll mitnehmen können.

Zu unserer großen Überraschung und Freude bei der Rückkehr zum Camp, hatte der allergrößte Spinner unserer Gruppe beschlossen, bis zum Abflug mit einem Wagen im Camp zurückzubleiben. Halleluja!!!

Der Leithammel war weg! Da waren wir nur noch zu viert. Mit Micha und unserem Mechaniker würden wir uns schon verstehen!

Als nächstes war ein Trip nach *Timbuktu*, der legendäre *„Perle der Wüste"*, geplant. Also fuhren wir mit unseren beiden Landcruisern Richtung *Mali*.

Die Landschaft war karg, das Sonnenlicht vom Sandsturm verdunkelt. Schwache Umrisse: ausgetrocknete Affenbrotbäume, ausgemergeltes Vieh, Rundhütten aus Stroh, die auf Pfählen hockten und Frauen in flatternden Gewändern, die kerzengerade mit Töpfen oder Körben auf den Häuptern dahinstelzten. Alles wirkte gespenstig und unwirklich.

Zum ersten Mal hatten wir vier gemeinsam Spaß. Endlich konnten wir gute Gespräche führen und alles zusammen besprechen. Ausgelassene Stimmung gab es in der Abenddämmerung, als wir unsere Camping-Möbel aufgestellt hatten. Die schwache Abendsonne berührte den Horizont, und während wir uns über unsere Futtervorräte hermachten, fantasierten wir, dass jeden Augenblick ein Löwe aus dem gelben Dunst zum Abendessen auftauchen könnte.

Übergroßen Filmplakaten von *Rambo* und dem *Terminator* standen am Wegesrand. Horden kleiner Mädchen, alle in *Michael-Jackson*-Shirts gekleidet, umzingelten uns unterwegs beim Anhalten und starrten Vera an, als sie sich schminkte.

Schlaglochreiche Straßen führten uns abends durch düstere Wohngebiete, an deren Straßenrändern Tische aufgestellt waren. Kinder spielten in der Dunkelheit und Hunde begleiteten uns auf Schritt und Tritt. In weiter Ferne hörten wir Trommeln. Ein Händler wollte uns Benzin aus Plastik-Flaschen verkaufen. Karbid-Funzeln beleuchteten undefinierbare Gerichte, gefüllte Ziegen-Hoden und glibberige Innereien. Man bot uns abgestandene, bunte Getränkebrühe an. Wir lehnten dankend ab.

Bald erreichten wir die Grenze zu Mali. Vor einer kleinen Lehm-Hütte saß ein dickbäuchiger Uniformierter im Schatten. Ein Kofferradio plärrte aus dem Innenraum. Der Dicke machte ein riesiges Aufheben um unsere Papiere, bis wir merkten, was er wollte: Medikamente.

Die Ärzte in unseren Gruppen hatten uns wohlwissend damit eingedeckt. Dazu staubte der Massige noch ein paar Musikkassetten von mir ab. Erst dann gab es Stempel in unsere Pässe, einen müden Handschlag, und wir durften den mickrigen Schlagbaum passieren.

Mit zufriedenem Grinsen winkte der Beleibte uns durch.

Unterwegs hatten wir gehört, dass das sagenumwobene *Timbuktu* nur noch ein trostloses, versandetes Nest sei. Also ersparten wir uns den mühsamen Weg dorthin und steuerten stattdessen geradewegs *Mopti* an. Wieder ein hochummauerter Campingplatz, und wieder ein deutscher Aufschneider, an dessen Lippen unsere beiden Freunde wie gebannt hingen. Als sie wieder einmal begannen, allein mit dem Fremden Pläne zu schmieden, reichte es uns endgültig!

Am Abend in unserem Zelt schmiedeten Vera und ich Fluchtpläne.

Zum lebendigen Gejohle in den Straßen, wallte plötzlich Lärm und Gebrüll aus Megafonen auf. Da wir viele Uniformierte mit umgehängten Gewehren gesehen hatten, waren wir sicher, dass eine Revolte ausgebrochen war. Wir schliefen vor Schiss nicht ein.

Gegen Morgen wurde alles wieder ruhig. Nach dem Frühstück wollten wir genau wissen, wann unser Gruppenflug nach Deutschland ging und mussten nebenbei erfahren, dass unsere gemeinsame Reise- und Tankkasse fast leer war. Wir selber hatten weder Kreditkarten, noch viel Bargeld mit auf die Reise nehmen sollen, zur Vorbeugung gegen etwaige Überfälle.

Na toll!

Nun gingen wir uns erstmal die Stadt ansehen. Wenn wir schon mal da waren…

Ein schlaksiger Knabe mit langen, dünnen Stelzen, die in knappen Shorts steckten, heftete sich an unsere Fersen. Bald schlossen wir ihn in unsere Herzen, weil er lieb und unaufdringlich war. Wir schlenderten über den Künstler-Markt. Dessen Strohhütten waren vollgepackt mit wundervollem Lederhandwerk, bedruckten Stoffen, Tongefäßen, Amuletten und Schmuck aus faustdicken *Amber*-Perlen. Ich erstand eine alte *Dogon*-Tanzmaske und war selig.

Die Fahrt über den träge-fließenden Niger in einer schmalen *Pinasse* war abenteuerlich. Tierkadaver trieben an uns vorbei. Andere Einbäume waren mit ganzen Ziegenherden oder Fahrrädern beladen. Am Ufer klatschten Frauen Wäscheteile unaufhörlich auf glitschige Steinbuckel, direkt neben stinkenden Müllbergen. Fische räucherten im Qualm, und Fliegen umschwärmten uns *en masse*.

Wir besuchten das spartanische Lehm-Haus unseres jungen Führers. Im Innenhof garte eine Frau einen Gemüseeintopf über der offenen Feuerstelle, ein Baby wurde in der Blechwanne gebadet, während eine dritte Frau mächtige Tontöpfe formte. Es gab dreizehn Kinder in der Familie, von denen einige kreischend herumtollten. Dann zogen wir zur *„Großen Moschee"*, einem Wunderwerk aus Flusslehm und Palmenstämmen. Leider war der Einlass für Nichtmuslime verboten! Auf all unseren Wegen waren wir von fröhlichen Kindern umzingelt.

Das große Tor des Campingplatzes schlug hinter uns zu. Vera und ich hatten zuvor unsere sieben Sachen gepackt, einiges am Wagen repariert und ihn gereinigt. Unseren verdatterten Männern übergaben wir die Schlüssel und die frohe Botschaft unseres Abgangs. Als wir unseren *Guide* nach einem günstigen Übernachtungsplatz gefragt hatten, brachte er uns zu einem „Schiffshotel". Der ausrangierte Kahn verfügte über kleine Kabinen, jeweils mit Stockbetten und einem winzigen Waschbecken – alles vollständig aus Blech! Für eine Nacht sollte das wohl reichen. Wir suchten uns eine Zelle mit abschließbarer Tür aus. Alles war besser, als einen weiteren Abend mit dem Geschwafel unserer „Verräter" zu verbringen! Glaubten wir…

Vera und ich fielen gerade in den überfälligen Schlaf, als uns das Klackern tausender Stiefel hochschreckte. Männergeschrei. Poltern. Militär? Aufgebrachte Kerle rannten auf den Gängen hin und her, öffneten lautstark sämtliche Türen. Sie schmissen sich immer wieder gegen unsere. Wir drückten mit aller Kraft dagegen. Panik! Wir glaubten, das Ende sei gekommen… Aber unser Türschloss hielt stand. In der Morgendämmerung hörten wir die Männerbande mit lautem Gebrüll in *Bambara* (Sprache Malis) und Stiefelgeklapper abdampfen.

Als wir uns eine ruhige Stunde später raustrauten, um auf dem oberen Deck bei *Café-au-Lait* Morgenluft einzusaugen, berichtete uns die Bedienung von einem Fußballspiel zwischen *Mopti* und *Bamako* letzte Nacht, und dass die Gast-Mannschaft hier auf dem Schiff übernachtet hätte.

Die Soldatenstiefel waren demnach Fußballschuhe gewesen…

Und *Mopti* hatte gewonnen! UFF…

42. Bamako und Abidjan

Wir liefen zum Büro der Sammel-Taxis, um Tickets nach *Bamako*, der Hauptstadt Malis, zu erstehen. Zwei Stunden später war endlich ein Sammeltaxi voll: Hühner und eine Ziege hinter den Sitzen verstaut und vier Personen auf der Rückbank. Vera und ich hatten als Erste drei Plätze neben dem Fahrer bezahlt und gesichert, damit wir nicht, eingequetscht zwischen schwitzenden Männern während der Fahrt verharren mussten. Einem dicken Fahrgast in blauglänzendem *Boubou*, einem weiten Gewand, missfiel das anscheinend, denn unterwegs schien er den Fahrer ständig gegen uns aufzustacheln. Der starrte jedoch wortlos nach vorn.

Auf gerader Strecke kam alle paar Kilometer eine Militär-Kontrolle. Sämtliche Papiere wurden überprüft. Zum Starten steckte der Fahrer einen Schraubenzieher ins Anlasser-Loch. Der Wagen wurde angeschoben, und weiter ging es bis zur nächsten Kontrolle.

Plötzlich eine Ansammlung von Uniformierten. Die pickten unseren *Peugeot* von der Straße und ließen uns in der flirrenden Mittagshitze schmoren. Der Fahrer deutete an, dass sie einen Teil des Fahrgeldes einforderten, welches er aber im Büro in Mopti hatte abgeben müssen. Die Hitze wurde immer unerträglicher, und Schweißfahnen schwebten durchs Wageninnere. Unsere Wasserflaschen waren leer. In mir brodelte es. Es hatte sich nach eineinhalb Stunden in mir ein Schlachtplan entwickelt, ohne dass ich Vera davon berichtete.

Vielleicht hatte ich ja meinen Verstand in dieser Affenhitze verloren…

„Bleib sitzen, bin gleich wieder da!", meinte ich nur zu ihr.

Auf der gegenüberliegenden Straßenseite stand etwas zurückgesetzt ein flaches Gebäude, auf dessen Veranda Soldaten vor sich hindösten. Mit scheinbar festem Schritt marschierte ich auf die offene Tür zu. Niemand hielt mich zurück. Hinter einem wackeligen Tisch, auf dem sich Papiere und ein klobiges Telefon befanden, wippte ein Mann auf seinem Stuhl. Als er mich erblickte, nahm er Haltung an und setzte seine Schirmmütze auf.

„Monsieur, wir werden zu Entwicklungshilfe-Verhandlungen im Deutschen Konsulat erwartet. Sollten wir dort nicht einigermaßen pünktlich eintreffen, wird man mit Polizei und Militär nach uns suchen lassen!"

Ich hatte versucht, das Zittern in meiner Stimme zu unterdrücken.

Er zog die Augenbrauen hoch, sagte nichts, aber mein Französisch war offensichtlich verstanden worden.

Ich schritt, innerlich flatternd, zu den fragenden Gesichtern unserer Fahrgemeinschaft zurück. Nach einer Weile durften wir unsere Reise ohne Kommentar fortsetzen. Schraubenzieher rein ins Starterloch, und bloß weg von hier!

Der Fleischige hinter uns blieb für den Rest der Fahrt stumm.

Als wir uns Bamakos Stadtgrenze näherten, stülpte sich unser Fahrer ganz unverhofft eine russische Fellmütze mit Ohrenklappen über.

Am Airport fragten wir nach dem nächsten und billigsten Flug ans Meer. Wir hatten kaum noch Gepäck, da wir das Meiste verschenkt oder getauscht hatten. Von unseren allerletzten Geldreserven ging es eine halbe Stunde später an die Elfenbeinküste. Unglaublich, aber selbst den Flugpreis hatten wir noch herunter handeln können. Dafür bekamen wir allerdings keine Tickets ausgehändigt!

(M)ein Pfefferspray wurde bei der Flughafen-Kontrolle entdeckt und auf dem Rollfeld ausgeleert. Plötzlich fingen alle in der kleinen Wartehalle an zu keuchen und zu prusten. Der Wind hatte den Pfeffer hereingetragen. Ich hatte jedoch noch eine zweite Reizgas-Flasche in der Kulturtasche, die unentdeckt blieb.

Zeit, dass wir hier wegkamen!

Bei der Ankunft in Abidjan war es bereits dunkel. Ein paar Geschäftsmänner eilten zum Shuttle eines Fünf-Sterne-Hotels. Wir hinterher. Wir sahen nicht gerade frisch aus. Trotzdem wurden wir sehr freundlich am Empfang begrüßt, und man gab uns ein grandioses Zimmer. Das hatten wir uns verdient!

Nachdem wir ausgeschlafen und königlich gefrühstückt hatten, erkundigten wir uns nach der größten Bank der Stadt.

Vera rief ihren Freund in Deutschland an und ließ ihn eine beträchtliche Summe überweisen. Alles, was wir verzehrten und nutzten, ließen wir aufs Zimmer anschreiben. Tagtäglich erkundigten wir uns bei der Bank, ob das Geld da sei.

Nichts!

Der Hotel-Manager gab uns bald diskret zu verstehen, wir sollten einen Betrag anzahlen, oder unsere Ausgaben mäßigen.

Wir lagen tagsüber am gepflegten Pool unter Palmen und genossen, scheinbar entspannt, das Leben. Furchtlose Gazellen gesellten sich zu uns. Wir konnten sie sogar streicheln.

Libanesische Businessmen ließen uns Cocktails durch den Poolservice bringen, doch wir lehnten jedes Mal dankend ab. Die Herren waren uns etwas zu aufdringlich.

Nach ein paar Tagen machten wir Bekanntschaft mit *Marilyn,* der Frau eines italienischen Marmor-Importeurs.

Er stattete die Paläste der Politiker und Spielkasinos mit *Carrara Marmor* aus. Marilyn sah wirklich aus wie ein *Monroe-Double*. Sie kam fast täglich mit ihrer Mutter zum Schwimmen. Nachdem sie unsere Geschichte gehört hatten, fuhren sie mit uns direkt zur Bank. Es stellte sich heraus, dass das Geld schon lange da war.

Wir waren sauer und zugleich erleichtert!

Bevor wir jedoch unsere Hotelrechnung beglichen, machten wir noch Fotos von uns, bedeckt mit den zahlreichen Geldscheinen.

Von nun an schickte Marilyn uns täglich einen Wagen mit *Guardien*, der uns zum Essen in ihrer Residenz abholte. Oder wir fuhren mit ihnen ans Meer zum vierzig Kilometer entfernten *L´Éternel Bassam*, einem *Unesco-Welterbe*. Es ist wegen seiner pittoresken Kolonialvillen, Fischrestaurants, Künstlerateliers, sowie der unzähligen Kokos-Palmen berühmt.

Wir tanzten mit fröhlichen Mädchen, die auf den Köpfen Ananas trugen, am Strand entlang, waren unbeschwert und erholten uns recht gut von den Strapazen unserer Reise.

Es geht doch nichts über Frauen, die zusammenhalten!

Abenteuer entstehen eben nicht, wenn alles läuft, wie geplant. Sie passieren, wenn man den abgesteckten Pfad verlässt.

43. Neue Freunde

Einen Tag, bevor die Abreise nach Deutschland losgehen sollte, kamen Vera und ich wieder in Ouagadougou an. Dort mussten wir erfahren, dass unser Flug um einen Tag verschoben worden war.

Da unsere Finanzen nach dem Luxusurlaub und dem teuren Rückflug von der Elfenbein Küste, schon wieder zur Neige gingen, ließen wir uns vom Taxi-Fahrer in ein kleines, billiges Hotel bringen, wo man uns ein handtuchgroßes Räumchen gab. Pritsche und Mini-Waschbecken waren wir ja vom Schiff in Mopti gewohnt. Und dass wir beide von Luxus auf Billig und umgekehrt ganz gut umschalten können, hatten wir bereits öfter bewiesen.

Die jungen Burschen an der Rezeption des „*Hotel Oubri*" sagten uns, dass wir für ein paar Francs in einem First-Class-Hotel den ganzen Tag den Pool benutzen konnten.

Dort angekommen, trauten wir unseren Augen nicht: etliche gutgebaute, attraktive junge Männer lagen wie hingemalt am Beckenrand. Es dauerte nicht lange, bis diese gutgelaunten Jungs sich um uns scharrten. Einige trugen einen *Vokuhila*, den Haarschnitt, der derzeit groß in Mode war. Es war eine deutsche Fußballmannschaft, die gerade ein Freundschaftsspiel gegen *Ouaga* erfolgreich hingelegt hatten. Die Welt war für uns wieder mehr als in Ordnung. Vergessen waren unsere brummigen Kerle. Wir blieben noch für ein Super-Buffet mit Musik, Schampus und für eine sehr lustige, lange Nacht bei unseren neuen Freunden.

Im Taxi tuckerten wir am frühen Morgen zurück zu unserer Absteige. Im Eingangsbereich unseres Hotels hockten einige

Männer auf einer Stuhlreihe, wie die Hühner auf der Stange. Stimmengemurmel und Türenklappern als Geräuschkulisse für den Rest der Nacht.

Wir wunderten uns nicht allzu lange, denn wir waren müde und angetüdelt.

Am späten Vormittag servierten uns die jungen Schwarzen ein gutes *Croissant*-Frühstück im Garten, wo wir obendrein erfuhren, dass es sich bei unserer Bleibe um ein Stundenhotel handelte. Die Jungs versicherten uns aber, dass wir das einzige Zimmer mit warmem Wasser bekommen und sie uns gut bewacht hätten!

Die restlichen drei Männer unserer Reisegruppe wartete bereits im Airport. Das Wiedersehen verlief wortkarg und befremdlich. Es interessierte sie nicht, was wir noch erlebt hatten, und umgekehrt genauso. Unser Abflug wurde wieder und wieder verschoben. Plötzlich tauchten „unsere" Fußballer auf. Chic gekleidet in weinroten Blazern und Krawatten stürmten sie mit großem „Hallo" auf uns zu.

Unsere Männer verstummten nun vollends. Wir bekamen eine Einladung, mit der Mannschaftsmaschine nach Paris zurück zu fliegen, was wir jedoch dankend ablehnten. Wir blieben bei unserer Gruppe, denn wir wurden ja vom *Charles-de-Gaulle*-Flughafen mit einem Kleinbus abgeholt, der uns zurück nach Hannover bringen sollte.

Das bereuten Vera und ich, sobald der extrem wackelige, knarrende Flieger der *Air Volta* abhob. Er war zudem gerammelt voll und miefig. Wir waren während des elend-langen Fluges sicher, dass er jeden Moment auseinanderbrechen würde. Trotzdem mussten wir bei den Gedanken an unsere neuen Freunde unaufhörlich grinsen.

Heile in Paris gelandet, rief Vera sogleich ihren Freund zuhause an. Der meinte nur:

„Du, hier sitzt einer auf der Treppe. Der spricht aber kein Deutsch, und er will zu Christiane. Er sagt, er heißt *DADI*!"

Die Wiedersehensfreude mit meinem Verliebten aus TAM war groß, obwohl ich noch ziemlich bewegt von den vielen vorhergegangenen Erlebnissen war. Dadi war süß und liebevoll, doch ich spürte gleichzeitig, wie er von Eifersucht und Besitzansprüchen beherrscht wurde. Und das konnte ich gar nicht mehr gebrauchen. Trotzdem verbrachten wir ein paar romantische Tage im kalten Deutschland.

Nach meiner Rückkehr in die USA erhielt ich von Dadi noch kitschig-süße Liebesbriefe und Anrufe aus der einzigen Telefonzelle, die es in Ghardaïa, der Wüsten-Oase in Algerien, gab. Das schmeichelte mir natürlich sehr.

Dennoch musste ich erst mal ein neues Leben allein in New Mexico beginnen. Ich hatte ja Santa Fé bereits fest im Blick!

44. Umzug nach Santa Fé

„Nach Santa Fé kann man nicht einfach hinziehen,
nach Santa Fé zieht es einen!", sagt man.
Bereits seit langem fühlte ich mich zu der Stadt „des Heiligen
Glaubens" hingezogen, und nun wollte ich es endlich wahr-
machen, meinen Kummer ein für alle Mal hinter mir lassen.
Auf Vulkan-Gestein gebaut, strahlt der Ort zugleich Freiheit
und Geborgenheit aus.

Die Innenstadt ist eine architektonische Augenweide, wie
von der Hand eines Töpfers gestaltet. Lehmziegelhäuser mit
flachen Dächern und abgerundeten Kanten in Erdfarben. Alles leuchtete beim Sonnenuntergang orangerot. Nirgendwo
Hochhäuser, ringsherum gemächliches Treiben.

Hier fühlte ich mich befreit und sicher.

Bei meinen vorangegangenen Besuchen hing ich oft auf der
Plaza herum, beobachtete deutsche Touristen, die man an feinem Schuhwerk und exaktem Haarschnitt erkennen konnte.
Ich setzte mich eine Weile neben sie und lauschte, was sie zu
erzählen hatten, ohne mich erkennen zu geben. Cowboys,
Trapper mit Fellen und dickem Silberschmuck behängt, *Sikhs*,
deren Tempel zwei Straßen entfernt war, in Turbanen und
weißen Gewändern, Alt- Hippies mit zotteligen Haaren und
farbigen Klamotten, oder Jugendliche mit Ratten auf ihren
Schultern - sie alle trafen sich im Schatten der Bäume oder auf
den wundervoll geschmiedeten Bänken der weiträumigen
Grünanlage.

Auf der nördlichen Seite boten Indianer unter den Arkaden
des *Gouverneurs-Palastes* ihre selbst hergestellten Tonwaren
und ihren Silber- und Türkis-Schmuck an.

Oldtimer und *Lowrider* juckelten um die Plaza und lechzten nach Aufmerksamkeit. Ein schwarzer Zeitungsverkäufer, bekleidet mit Warnweste und Sturzhelm, wirbelte tanzend auf der Kreuzung herum. Es gab Stände mit *Corn-Dogs* am Stiel, *Fritos* mit Chile oder *Softdrinks*. Ich aber konnte, ohne ein *Häagen-Dazs*-Eis geschleckt zu haben, nie nach Taos zurückkehren. Wenn ich im Eis-Laden an vorderster Front mit Plaza-Blick saß, schlenderte so mancher Hollywood-Star vorbei: *Ali McGraw (Love-Story), Dany de Vito (Twins), Gene Hackman (†2025/ French Connection)* - sogar mein TV-Idol *Oprah Winfrey*.

In Santa Fé wird kein Star belästigt. Man respektiert noch immer jeden als Privatperson.

Es befinden sich Filmstudios in Santa Fé, in denen noch heute Kino- und Fernseh-Produktionen gedreht werden.

Im Sommer, in der *Montezuma-Saison*, gibt es tagtäglich Platzregen. Es pladdert nachmittags etwa eine Stunde lang wie aus Kübeln, und dann liegt der wunderbare Duft feuchter Erde in der Luft. Die Wolkenbrüche spülen die Menschen in die unendlich vielen fantastischen Geschäfte mit Kunst, Schmuck und Mode.

Auch ich klapperte sie bei jedem Besuch ab, um mich an den neuesten Trends zu orientieren und um noch weitere Outlets, neben „*Blue Rose*", für meine Jacken zu gewinnen. Anschließend erholte ich mich von der Flut der Eindrücke in *Georges* „*French Pastry Shop*" im „*La Fonda*", dem berühmtesten und ältesten Hotel der Stadt. Hier saß man dichtgedrängt, genoss Croissants, Crêpes, mit Käse Überbackenes, deliziöse Törtchen oder einfach nur einen aromatischen Kaffee in duftender französischer Atmosphäre.

Nebenan gab es eine ganz außergewöhnliche Boutique: „*Suzette International*". Sie wurde von ihrer betagten, aber stets schicken Eigentümerin *Suzette*, einer gebürtigen Pariserin, betrieben. Ihre Kundschaft verlangte nach Glitz, Seide und viel *Chi-Chi*. So kreierte ich speziell für sie Lederjacken mit Spitze, Brokat und antiken Gobelins.

Es gab zu jener Zeit ein ungeheures Interesse an *Western-Style*-Mode, da die Kostüme für den neuen Film *„Dances with Wolves"* große Aufmerksamkeit erlangten. Sie wurden werbewirksam im neu eröffnetem *„Cowboys & Indians"*, einem mehrstöckigen Geschäft direkt an der Plaza, zur Schau gestellt. Ich lag da bereits voll im Trend mit meinen Jacken.

Pat von *„Blue Rose"* und ich mieteten im *„La Fonda"* einen Schau-Kasten. Alles was Rang und Namen hatte, ging in dem Hotel mit seinem ausgezeichneten Restaurant ein und aus. Zur *Happy Hour* spielten Live-Bands in der angrenzenden, stets proppenvollen Bar, und es wurde getanzt.

Unsere Vitrine befand sich auf dem erleuchteten Gang zu den Toiletten, sodass sogar Gäste aus Europa auf uns aufmerksam wurden. Dadurch schickte ich meine Jacken auch nach Deutschland, Italien und in die Schweiz.

1989 ereignete sich das große Erdbeben in Kalifornien, bei dem 67 Menschen getötet wurden. Bald überschwemmten viele Reiche und Berühmte Santa Fé. Es lag ja keine Flugstunde von L.A. entfernt. Unter anderem kauften *Shirley MacLaine (Irma La Douce), Brian Dennehy (Cocoon) und Val Kilmer (†2025/ Willow, Halbblut),* auf dessen Anwesen ich einige Jahre später sogar übernachtete, für Abermillionen Häuser und Grundstücke. Die Mietpreise stiegen auf das Niveau von Manhattan, wodurch viele alteingesessene Einwohner vertrieben wurden.

Ich hatte Glück und erwischte für Monster und mich eine günstige kleine Wohnung in einem Appartement-Komplex.

Wenige Straßen entfernt eröffnete gleichzeitig ein Künstler-Quartier. Dort bezog ich zusätzlich ein geräumiges Studio, in dem ich für Maschinen, Material und Arbeitstische reichlich Platz und zum Entwerfen und Produzieren gutes Tageslicht hatte. Hier legte ich nun richtig los.

Nicht lange danach verband mich der *Telefon-Operator* mit einer *Marilyn* aus *Balboa Island*, einer vorgelagerten Insel von *New Port Beach*, südlich von LA.

Sie hatte nach *„The Art of Santa Fé"* (Die Kunst von Santa Fé) gefragt. Mein Label war aber *„The Art of Being Seen"* (Die Kunst, gesehen zu werden). Sie suchte jemanden, der genau solche perlenbestickten Lederjacken herstellen konnte, wie ich sie bereits machte.

War das Zufall – oder Schicksal?

Jedenfalls wurden sofort Größe, Farbe und Preis am Telefon besprochen. Ein paar Wochen später kam sie angeflogen und war von der Jacke begeistert!

Von da an bestellte *Marilyn Stromquist* pro Jahr mindestens zwei sehr hochpreisige Jacketts. Dazu lud sie mich bei jeder Abholung in eines der vielen edlen Restaurants der Stadt ein.

Einmal zahlte sie sogar meinen Flug nach *Balboa Island*, um ihr das bestellte Outfit persönlich zu bringen.

Yachten lagen fünf Meter entfernt vor der Haustür, das Mercedes Coupée ihrer Tochter *Malia* und mehrere Harleys ihres Freundes standen in der Garage.

Ich blieb zwei Tage. Wir gingen Shoppen und ließen uns in einem Motorboot in den Buchten des *Pacifics* umherschippern. Marilyn, eine ganz liebenswerte Dame, hielt mein Geschäft jahrelang einzig mit ihren Bestellungen über Wasser.

Mein Lieblings-Frühstückstreff in Santa Fé wurde *„Pasquale's"*.

Oft musste man draußen lange anstehen, bis man in dem quirligen, mit mexikanischen Kacheln eingekleideten Lokal, einen Platz bekam. Unter der Decke flatterten bunte Scherenschnitt-Papierschürzen.

Direkt gegenüber gab es *„Doodlet's"*, eines der witzigsten Lädchen - vollgepackt bis unters Dach mit außergewöhnlichem Kitsch und wundervollen Dingen. Beim rumstöbern in der Zwischenzeit verging das Warten im Nu.

Bei *Pasquale's* duftete es stets nach Chile und frischgebackenen Zimt-Schnecken. Die freundliche Bedienung setzte mich eines Tages an den großen Gemeinschaftstisch in der Mitte des Raumes. Es war eng, sehr wuselig und man hörte einen Vielklang unterschiedlicher Sprachen. Nachdem ich *„Huevos-Rancheros-X-Mas"* (Eier in Tortillas mit Käse überbacken, darüber roter und grüner Chile - wie Weihnachten) bestellt hatte, pokte mich eine Touristin aufgeregt in die Seite.

„Siehst du nicht, dass Kevin Costner da neben dir sitzt?", zischte sie.

Er ist in Natur sehr unscheinbar. Ich hatte ihn bereits bemerkt, aber er wollte ja auch nur frühstücken - wie wir…

Alltag in Santa Fé.

Durch eine Annonce, in der eine Deutsche eine Wohnung suchte, lernte ich *Traudi* aus Passau kennen. Sie hatte sich ein Sabbatjahr als Lehrerin genommen, um in Santa Fé ihrer Malerei nachzugehen. Sie war lustig und lebhaft, und wir verstanden uns auf Anhieb gut.

Marsha rief eines Tages an und berichtete, dass ihr Vater gewalttätig geworden war.

Daraufhin war sie zu ihrer Mutter, die jetzt in *Maine* lebte, abgehauen. Dort hatte sie bald *Maurice* kennengelernt, den sie nun heiraten wollte, denn beide erwarteten ein Kind.

Zwei Jahre später, als eine weitere Tochter geboren war, flog ich nach Maine. Die Mädchen, *Jennifer* und *Tiffany*, waren so super-süß, und Marsha ging für ihre Familie auf.

Beim *Sightseeing* in Maine: Der Weg zu den leuchtend-bunten Wäldern des *Indian-Summer* führte uns am Haus des Schriftstellers *Steven King* vorbei. Es ging zum Hafen zu den *Lobster*-Fischern, wo wir auf einem Kahn eine Wal-Beobachtungs-Tour machten. Obendrein verwöhnten mich die Beiden mit frischem, süßen *Maine-Lobster* - dem Besten der Welt!

Später besuchte mich Marsha und ihre kleine Familie auch in Santa Fé. Wir blieben in Verbindung.

45. Mein neues Leben

Martina, meine Freundin aus Taos, rief total aufgeregt an:

„Du, schalte mal CNN an. Unfassbar, aber die Berliner Mauer ist auf!"

Von da an saß ich 24 Stunden lang ununterbrochen vor der Glotze. Ich heulte, stopfte deutsches Gebäck in mich rein und musste es mir immer wieder ansehen, um es zu begreifen.

Steve meldete sich an einem Abend danach. Mir stockte der Atem. Woher hatte der meine Nummer? Sein Truck sei zusammengebrochen, ob er bei mir übernachten könnte.

Ich traute ihm nicht und hatte Angst, dass alte Wunden wieder aufbrechen würden. Er berichtete noch, dass er gerade in dem *Kenny Rogers Film „Rauchende Colts – the Gambler"* mitgewirkt, sowie in *Dennis Hoppers „Backtrack"*-Film die Rolle des *weißen Büffels* gespielt hatte. Er hätte Bilder dabei, die er mir unbedingt zeigen wollte.

Ich ließ ihn abblitzen. Mein einst so leuchtender Stern war erloschen!

Danach hörte und sah ich nie wieder etwas von ihm, obwohl ich ab und zu nach Taos fuhr, um meine Freundinnen und meine Familie im Pueblo zu besuchen! Bei ihnen war er nach unserer Scheidung kaum noch aufgetaucht, nachdem die grässlichen Dinge herausgekommen waren.

Mehrere Sommer hindurch fuhr ich einen Schulbus. Zum Busführerschein gehörte die tägliche Sicherheitskontrolle, auch die von Motor und Bremsen. Den gelben *„83-Sitzer"* durch die engen Straßen von Santa Fé zu buxieren, war kein Kinderspiel. Aber durch das frühere Fahren im Landcruiser fiel es mir leicht.

Ich nahm dann eine „kürzere Tour" an, die niemand machen wollte. Ich fuhr ja nur nebenbei, um krankenversichert zu sein. Ansonsten war es mir als Künstlerin kaum möglich, in einer Krankenkasse aufgenommen zu werden.

Ich erhielt einen kleineren Bus für behinderte Kinder und bekam den liebenswürdigen, älteren Spanier *Archie* als Aufsichtsperson dazu. So juckelten wir die unbefestigten Wege entlang, mit den zum Autoradio laut singenden Kids. Es machte riesigen Spaß, doch im Winter, wenn frühmorgens meterhoch der noch ungeräumte Schnee lag, hörte ich wieder auf.

Während der Sommermonate hatte ich bereits sämtliche Ärzte für Check-Ups abgeklappert. Beim Zahnarzt gab es vor jeder Behandlung Lachgas mit Erdbeer- oder Schoko-Geschmack. Ich liebte es, denn bei der Behandlung war mir damit alles scheißegal. Ich bekam zusätzlich die kreativsten Ideen, fuhr nachhause und setzte sie um.

Marilyns Aufträge sicherten mir den Lebensunterhalt, sodass ich nebenbei viele extravagante Einzelstücke für Geschäfte und Privatleute herstellen konnte. Ein Laden für Stars in NYC nahm mir ein paar Jacken ab. Und zwei berühmten Künstlern, dem *Navajo Anderson Kee* und *Dale Terbush*, der dramatische Landschaftsbilder malte, fertigte ich im Tausch für ihre teuren Gemälde, maßgeschneiderte Leder-Outfits an. Die trugen sie dann bei ihren Vernissagen.

Durch mein Designer-Studio lernte ich ein paar tolle Frauen kennen, allesamt wie ich, um die „40" und Single. *Denise Hunter* aus L.A., mit operierter Hollywood-Nase, Managerin und immer elegant gekleidet, *Jane Rothchild* aus New York, eine stets fröhliche Frau mit TV-Erfahrung und eigener Firma für

Hotelbedarf und Ulla Allyn, eine attraktive Blondine - großzügig, warmherzig und charmant. Mit ihr verstand ich mich super, denn wir hatten den selben norddeutschen Humor.

Ulla war durch die Heirat mit einem Piloten aus Bremen zugewandert. Jetzt war sie freiberufliche Maklerin, jedoch wohlhabend geworden, durch das Renovieren, Einrichten und dem anschließenden Verkauf von ursprünglich heruntergekommenen Häusern in Florida.

Ulla war immer zu Späßen aufgelegt und für Überraschungen gut.

Wir Beide waren uns schnell ans Herz gewachsen und unternahmen viel zusammen. Ob ein Abstecher über die mexikanische Grenze, oder zu einer Party bei *Gräfin Carla Faber-Castell*, auf der *Shirley McLaine* rumjammerte, weil die Stadt ihr nicht einen ganzen Berg verkaufen wollte. Sie wünschte sich doch nur *„den Göttern näher zu sein"*.

Nach einem Glas Champagner und ein paar Delikatess-Häppchen, schlichen wir uns davon, weil die Gäste unerträglich langweilig waren.

Danach zogen wir vorbei an den unzähligen Galerien bis zum Ende der *Cañon Road*, der hochpreisigen Kunst-Gasse. Hin zur rappelvollen Bar *„El Farol"*, wo es Flamenco, *Tequila-Shots* und eine Super-Stimmung gab.

Aus Neugier besuchten Ulla und ich die Konditorei *„Dulce"*, die *„Tinta"*, der Tochter von *Hildegard Knef*, gehörte. Wir erkannten die schlichte Frau mit mehlbestaubter Schürze erst, als sie viele Gäste mit Umarmung begrüßte. Nach dem Genuss leckerer Törtchen zogen wir zufrieden wieder von dannen.

Ulla besaß eine beeindruckende Ranch mitten im Wald von *Pecos*, 30 km von Santa Fé entfernt.

Unterhalb der vier Fußballfelder großen Wiese ihres Anwesens plätscherte der *Pecos River* entlang. Auch ein Fischteich lag am Fuße des Hügels. Das ansehnliche Gebäude mit Gästehaus und Swimming-Pool zog sich um die Anhöhe herum. Seine Veranda strotzte vor blühenden Pflanzen. Davor ein hoher Mai-Baum, der seine farbigen Bänder flattern ließ.

Jeder Raum war wahnsinnig schön eingerichtet. Antike, geschnitzte Möbel, Himmelbetten mit Baldachinen, wertvollen Gemälde lokaler Künstler, Navajo-Teppiche auf lackierten Fußböden, überall gewaltige Tonkübel mit Pflanzen, und über dem Kamin setzte ein Puma zum Sprung an. Die Küche war modern aus Holz und Chrom und so groß, dass man hätte darin tanzen können. Viele Küchengeräte und Pfannen hingen über der Kochinsel. Alles strahlte „Deutsche Gemütlichkeit" aus, durch den Wahnsinns-Geschmack der liebevollen Besitzerin.

Vera war zu Besuch, und Ulla lud uns, sowie Denise und Jane, zur Dinner-Party ein. Auf der wunderschön mit Blumenarrangements und Silber gedeckten Tafel stand eine riesige Schale mit *Guacamole*.

Plötzlich ein spitzer Schrei, Gekreische und lautes Gelächter bis die Tränen kullerten: Ulla hatte einen Dildo in der Avocado-Masse versteckt. Natürlich gab es danach eine neue Schale mit frischer Avocado-Creme.

All meine Freundinnen hatten sehr geräumige, begehbare Kleiderschränke, die gefüllt waren mit teurer Kleidung, von der sie viele Teile nicht mal getragen hatten. So forderte ich sie auf, alles, was sie nicht mehr trugen, in Müllsäcke zu packen.

Damit lud ich dann meinen immer noch hervorragend operierenden Cadillac randvoll. Zuerst brachte ich eine Auswahl zu Freundinnen im Taos Pueblo.

Dann holte ich meine Freundin Annie in Albuquerque ab, um danach zu einer ziemlich abgelegenen Siedlung für wohnungslose Menschen zu fahren.

Den Wagen samt Inhalt übergab ich dem Leiter des Quartiers. Er sollte alles gerecht verteilen und das Auto jemandem schenken, der ohne Transportation eine Arbeitsstätte nicht hätte erreichen können.

Danach machten Annie und ich uns auf die Suche nach einem kleineren Gebrauchtwagen. Wir klapperten die gesamte „Route 66" mit ihren vielen Auto-Parks ab und landeten schließlich bei „Harry's Honda".

46. Harry

Ich hatte nur 1.200 $ angespart, aber der kleine Flitzer, der es mir angetan hatte, war teurer und brauchte noch ein Ersatzteil.

Harry James Garcia, der Besitzer des Gebrauchtwagen-Ladens, war liebenswürdig, und wir plauderten und lachten viel. Er hatte den gleichen Humor wie mein Vater. Ich merkte nicht, dass er sich in mich verguckte. Unerwartet stimmte er dem Deal „der Honda für mein Erspartes" zu. Ein Teil musste erneuert werden, und Harry wollte es sogar noch kostenlos Instand setzen. Ich müsste ihn auch nicht abholen, sondern er würde ihn mit der Registrierung nach Santa Fé bringen. Annie verfiel in sprachloses Staunen. Harrys Partner *Raymond* stand die ganze Zeit im Hintergrund, mischte sich nicht ein und grinste nur.

Also kam Harry nach ein paar Tagen, mit einem indianischen Tontopf als kleines Geschenk, übergab mir die Papiere und den Wagen und lud mich zum Edel-Italiener ein.

Ich weiß nicht mehr, wie viele Gänge und Wein wir intus hatten, nur, dass wir uns den ganzen Abend kaputtlachten, während der neugierige Kellner andauernd mit einem kleinen silbernen Tisch-Kehrer die Brotkrümelchen vom Tisch fegte. Nach dem lustigen Abend lieferte Harry mich ohne irgendwelche Erwartungen wieder zuhause ab.

Dieser Mann war so weit entfernt von meinem Beute-Schema: Halbglatze, etwas beleibt, Brille, sehr konservativ gekleidet und älter. Aber zugleich gutherzig, witzig, fürsorglich und immer bestens gelaunt.

Jeder, der je etwas mit ihm zu tun gehabt hatte, mochte ihn.

In Albuquerque besaß Harry eine alte Mühle. Er wohnte aber bei seiner Mutter, die alles für ihn tat. Die Beiden hingen sehr aneinander und hatten eine dramatische Familien-Vorgeschichte. So abstrus, wie bei *„Dallas"* oder beim *„Denver-Clan"*.

Seiner Mutter hatte er gerade zuvor den Schlüssel für ein neues Haus in eine Weihnachtskarte geklebt, und in seiner geschlossenen Hand hielt er stets ein paar Dollar parat, falls irgendjemand etwas Hilfe brauchte.

Nach ein paar Dates, bei denen Harry keine Anstalten machte, mich zu verführen, bot er mir sein großes leerstehendes, denkmalgeschütztes Haus an – mietfrei!

Es befand sich im alten Teil von Santa Fé, auf dem *Cerro Gordo*, dem „Fetten Berg" und nicht weit vom Studio entfernt. Es war von uralten Steinmauern umgeben, sehr ruhig und idyllisch gelegen, und ein Bach plätscherte durch das verwilderte Grundstück.

Chui, ein Mexikaner, der ab und zu für Harry Dinge verrichtete, brachte den großen, mit Obstbäumen bewachsenen Garten auf Vordermann.

Kolibris schwirrten umher - es war einfach paradiesisch.

Voll Vertrauen nahm ich sein großzügiges Angebot an.

Harry behandelte mich mit großem Respekt, und allmählich verliebte ich mich in ihn. Wir konnten stundenlang reden, aber niemals streiten. Wenn er am Wochenende kam, bezahlte er anstehende Rechnungen.

Dann gingen wir essen, damit ich die Zeit nicht mit Kochen und Abwasch „verschwenden" musste. Er war an allem interessiert, was mich betraf und war so stolz auf meine Arbeit, dass er überall damit angab.

Er wollte nicht, dass ich mich um Geld sorgte und damit von

meiner Kunst abgelenkt sein würde. Stets vermittelte er mir das Gefühl, einzigartig und besonders zu sein.

Seiner *Mom,* eine liebe spanische Lady, und mir gab er ab und zu seine Kredit-Karte. Wir sollten uns in der *Mall* etwas Schönes kaufen. Und natürlich erstand ich auch für ihn nach und nach modernere Kleidung, wovon beide begeistert waren. Ich verstand mich auf Anhieb mit seiner Mom, und sie nannte mich schon bald *„mi hija",* meine Tochter.

Viele von Harrys Kunden waren Spanier oder Indianer. Wenn einer die Rate für seinen Wagen nicht aufbringen konnte, nahm er stattdessen auch mal Schmuck, handgenähte Cowboy-Stiefel aus Schlangenleder oder Tongefäße an.

Oft sollte ich mir davon etwas aussuchen.

Ein- bis zweimal im Jahr musste er zu Gebrauchtwagen-Auktionen nach Las Vegas. Dann blieben wir ein paar Tage, um riesige *Prime Ribs* zu verdrücken und um uns die Nächte auf dem Strip um die Ohren zu schlagen. Dabei sahen wir *„Siegfried und Roy"* und andere tolle Shows. Mal gewannen wir, mal verloren wir, aber wir hatten immer viel Spaß.

Allerdings hatte Harry auch ein sehr zwiespältiges Verhältnis zum Finanzamt und zum Staat, was wohl aus der Unterdrückung von Spaniern während seiner Kindheit herrührte. Mehrmals schickte er mich mit einem Packen Geld zur Stadt, um Steuern für ein Grundstück oder Haus zu zahlen, jedoch jedes Mal erst einen Tag, bevor es gepfändet worden wäre. Ein andermal kämpfte er wieder und wieder vor Gericht gegen den Verkauf eines Stückes Land, durch das die *Interstate* verbreitert werden sollte. Es ging um Millionen, und das Geld hätte er dringend für Renovierungen gebrauchen können. Aber es war sein Geld, und es ging ihm wohl nur um Macht.

Endlich, als für mich schon die Frage aufgekommen war, ob Harry evtl. schwul war, bekam ich die Antwort. Er überraschte mich und mietete uns in einem First-Class-Hotel ein. Monster schmuggelten wir in der Reisetasche mit nach oben in die *Skyline-Suite.*

Von da an wurde alles wunderschön und ganz „normal".

Zusammen flogen wir nach Deutschland, um meinen Vater ein letztes Mal zu sehen, bevor er verstarb. „Mein Papi" war schon gar nicht mehr ansprechbar, aber als ich mich über ihn beugte, sagte er ganz deutlich:

„Weine man nicht, meine *Kleene!*" So hatte er mich immer genannt.

Im Anschluss besuchten Harry und ich meinen Ex-Mann Klaus mit seiner Frau, die nun bei München lebten. Wir besichtigten *Neuschwanstein,* bevor es mit einem Koffer voller bunter *Signum*-Hemden zurück nach NM ging.

Rosemarie, meine Nachbarin auf *Cerro Gordo,* eine bekannte Seidenmalerin, organisierte jährlich eine Woche lang das „*Seminar für tragbare Kunst*" im *La Fonda.*

Kunstlehrerinnen aus den gesamten USA kamen als Lernende dafür angereist. Rosemarie fragte mich, ob ich mich mit Kursen über Lederverarbeitung und Perlenstickerei anschließen wolle und bot mir eine erstklassige Vergütung an. Zudem allabendliche Dinner in exklusiven Restaurants.

Da sagte ich gerne zu.

Sie pries mich als „eine der besten Lehrerinnen im Lande" an. Meine Klassen waren stets ausgebucht. Alle Damen waren begeistert, und es machte auch mir so viel Spaß, dass ich ein paar Jahre lang dabei blieb.

Dadurch erfuhr Rosemaries Freundin *Helen*, Direktorin der Santa Fé Oper, von mir und lud mich zu einer Back-Stage-Tour ein, bei der sie mir alle Räumlichkeiten der Opernanlage zeigen wollte.

Die *Santa Fé Opera* ist eine Freilichtoper im Norden der Stadt, in der von Juni bis August verschiedene Bühnenstücke aufgeführt werden. Jedes Jahr sind Sänger, Tänzer, Instrumentalisten, Bühnenbildner, Designer und Handwerker aus der ganzen Welt in dieser einzigartigen Atmosphäre unter der außergewöhnlichen Lehm-Architektur vereint.

Als ich nach mehreren Bereichen in der Kostüm-Abteilung landete, war es um mich geschehen! Die Riesenhalle war gefüllt mit auf Puppen drapierten Kleidern, Maschinen, mit Mustern belegten Zuschneide-Tischen. Endlose Regale voller hochwertiger Stoffe aus aller Herren Länder, beeindruckte mich ebenso schwer. Es wimmelte wie in einem Bienenstock von herumwuselnden, fleißigen Näherinnen. Dazu der Duft der Materialien. Er löste sofort eine Sehnsucht in mir aus.

Und von der weitläufigen Terrasse, auf der jeder seine Pausen verbrachte, konnte man die Landschaft und den Himmel bis nach Arizona, wie er sich knallrot verfärbte, sehen.

Ich war hin und weg.

Assia, die Kostüm-Chefin, eine unaufgeregte und freundliche Frau, fragte sogleich, ob ich nicht bei ihr anfangen wolle.

Ich sagte sofort zu.

In Amerika gab es keine Schneiderausbildung. Doch man legte hier viel Wert auf professionelles Handwerk, denn alle Kleidungsstücke wurden nach uralten Mustern originalgetreu hergestellt.

Zu jeder Saison-Eröffnung fand eine *Tail-Gate-Party* statt, auf der die Zuschauer in Abendgarderobe ein Picknick mit Champagner und Häppchen auf den Heckklappen ihrer Trucks abhielten.

Das Schönste für mich aber war, dass sich alle Beteiligten die Generalproben kostenlos ansehen durften. Die tolle Akustik, die Farben der beleuchteten Bühne, die roten Bänder, die sich durch den Abendhimmel zogen, dazu die herumflatternden Fledermäuse unter sternenklarem Himmel und das Heulen der Kojoten. Dabei Brisen, die nach sonnenverbranntem Staub dufteten.

Stolz, Teil davon gewesen zu sein, erfasste mich jedes Mal.

Diese Sommer bleiben unvergessen!

47. Letzte Monate in Santa Fé

Die ganze Plaza war menschenleer. Nur das Quieken unserer Stiefel im Schnee konnte man hören. Überall weihnachtliche Beleuchtung und *Farolitos*, Papiertüten-Laternen, auf den Kanten der flachen Dächer. Bäume, Säulen des Gouverneurspalastes und sogar das Denkmal in der Mitte der Plaza waren mit Lichterketten eingewickelt wie Geschenke. Fette, glitzernde Schneepolster klammerten sich an Bänke und eiserne Zäune. Weihnachten in Santa Fé war so zauberhaft – ich hätte den Mond anheulen mögen vor Glückseligkeit.

Ulla und ich stapften weiter zur *Cañon Road*, wo Anwohner und Galerie-Besitzer an jeden, der singend vorüberzog, *Biscochitos*, feines Zuckergebäck, und heißen Punch ausschenkten. Tannengrün, mit üppigen roten Schleifen und dicken *Chile-Ristas*, aufgefädelten roten Pfefferschoten, verzierte sämtliche Türen und Tore. Kleine Feuer loderten auf der Straße, und wir wurden einfach so von gutgelaunten Fremden umarmt, während der Frost in der Nase kribbelte.

Da ich nur die Wochenenden mit Harry, manche auch mit seiner Mutter, verbrachte, hatte ich während der Woche viel Zeit für meine Freundinnen. Sie beneideten mich um meine Beziehung, die mir so viel Freiheit ließ. Ich indessen, wollte nach zwei Jahren mehr. Ich hatte das Thema „Zusammenziehen" schon mehrmals angesprochen, aber es war unmöglich, mit Harry zu diskutieren, oder überhaupt jemals zu streiten. Er fuhr dann ohne ein Wort nach Albuquerque zurück, rief täglich wie immer an, und am folgenden Wochenende war er pünktlich wieder da, als wäre nichts gewesen.

Thema beendet!

Ich hatte bereits seit längerem einen Brief in der Schublade liegen, in dem ich ihn vor die Wahl stellte: Zusammenleben oder Trennung.

Nun, als er am zweiten Weihnachtstag zu mir kam, schneite es ohne Unterlass, und er konnte nicht weg. Da gab ich ihm den Brief. Jedoch weder ein Zugeständnis, noch eine Diskussion kamen zustande.

Als er zwei Tage später abfuhr, war für mich alles klar.

Er war mit seiner Mutter verheiratet, und sie wollten offensichtlich beide, dass es so blieb!

Ich zog in ein kleines Gästehaus, das meine bayerische Freundin Traudi gerade räumte, weil sie nach Deutschland zurückmusste. Das Häuschen saß auf einem Hügel und hatte ein helles Studio mit Blick über das weite Land und auf traumhafte Sonnenuntergänge. Was zudem super war: es befand sich in Nähe der Innenstadt. Das 2000 Meter hochgelegene Skigebiet lag zwanzig Minuten, das Schwimmbad zehn Minuten entfernt. Beides nutzte ich so oft es ging.

Die Vermieter *Larry* und *Mary-Alice* waren herzliche ältere Leute. Bald gingen wir zusammen frühstücken im *„Tecolote Café"*, wo es leckere mexikanische Speisen gab, in die Piano-Bar *„Vanessies"*, die immer gut mit interessanten Leuten gefüllt war, oder wir lauschten den allerersten Konzerten von *Ottmar Liebert*.

Der vielfach ausgezeichnete, später weltberühmte Gitarren-Virtuose spielte damals noch im *„El Dorado Hotel"* seinen *„Nouveau Flamenco"* einzig vor sieben Zuhörern – uns drei eingeschlossen.

In direkter Nachbarschaft meines kleinen Häuschens engagierte mich ein Psychologen-Ehepaar, um während ihrer Abwesenheit, bei guter Entlohnung, auf ihr Haus und ihren *Basenji* aufzupassen. Ich musste mit diesem russischen Hund in einem Bett übernachten.

Es war ein sehr sanftes und scheues Tier, und statt zu bellen, „jodelte" es. Der Kühlschrank war jedes Mal zu meiner Freude prall gefüllt, während im Nachtschränkchen eine geladene Pistole griffbereit lag. *Just in case…*

Aber alles verlief jedes Mal ohne besondere Vorkommnisse.

Es gab in der Umgebung besonders schöne Kulissen, vor denen ich meine Jacken fotografieren konnte. Ob vor alten Steinmauern, auf Klippen, an der unweiten Oper, oder in der alten *Railroad*-Station mit dem *Super-Chief-Zug* aus Wild-West-Zeiten im Hintergrund. Immer wieder boten sich Bekannte und sogar Fremde als Models an. Genauso meine Freunde, die aus Deutschland zu Besuch kamen.

Als Belohnung erhielten sie tolle Fotos. Einige davon wurden sogar in Glanzmagazinen abgebildet.

Monster war überall dabei und lief ohne Leine immer dicht an meiner Seite. Sie ließ sich von niemandem anfassen oder mitnehmen, sondern wartete brav vor den Ladentüren auf mich. Eine Zeit lang nähte ich Hundemäntel mit Fransen und Nieten. Touristinnen waren entzückt, und mein Liebling wurde überall mit „Och, ist der süß!" bewundert.

Harry rief noch wochenlang wie gewohnt gleich nach der „*Oprah-Winfrey-Show*" an, um dann jedes Mal ohne Worte wieder aufzulegen.

Ich reagierte nicht. Mein Entschluss war endgültig.

Sam, meinen Stiefsohn, hatte ich einmal im *Palo Saleri*, einem Amphitheater auf dem indianischen Schulgelände, gesehen. Es goss wie aus Eimern. Alle hatten sich Mülltüten übergestülpt, um das *UB40*-Konzert weiterhin zu verfolgen.

Bei dem Song „*Red Red Wine*" tanzte Jedermann ausgelassen, als er plötzlich vor mir stand. Er war riesig geworden und grinste mich an. Unsere kleine Familie hatte in Taos oft zu dieser Reggae-Musik rund um den Küchentisch getanzt.

Ein andermal saß er im Foyer des La Fonda Hotels und verkaufte seinen selbstgefertigten Silberschmuck.

Ein „Hüne" sprang plötzlich auf und schwang mich lachend im Kreis herum. Wir waren beide überrascht und beglückt zugleich von dieser unvorhergesehenen Begegnung. Er schenkte mir sogleich ein paar hübsche Ohrringe.

Aus Sehnsucht, mich um jemand zu kümmern und für eine Person verantwortlich zu sein, begann ich ein Adoptionsverfahren. Ich wollte unbedingt für ein Mädchen im Alter von etwa fünf bis zehn Jahren sorgen. Es gab viele ältere Kinder, die auf ein neues Zuhause warteten. Die Prozedur dafür war aufwendig und langwierig.

Kurz vor ihrer Abreise wurde Traudi urplötzlich derart krank, dass sie am Kopf operiert werden musste. Glücklicherweise ging alles, nach tagelanger Angst und Schrecken, noch mal gut aus. Aber es machte mir auch bewusst, dass ich ein Leben in den USA ohne soziales Netz, ohne Krankenversicherung und ohne Bezahlung im Krankheitsfall, nicht wollte.

Dazu kam der immense Anstieg von Waffen und Gewalttaten. Das alles war so beängstigend, dass ich beschloss, im folgenden Jahr nach Deutschland zurück zu kehren. Gott sei Dank hatte ich nie meinen deutschen gegen einen amerikanischen Pass eingetauscht.

Eine Adoption war inzwischen genehmigt worden, doch ich beschloss nun, für das restliche Jahr ein Mädchen über einen Verein für benachteiligte Kinder zu betreuen. Die Voraussetzungen waren dieselben.

Der Verein hieß *„Big Brother – Big Sister"*. Man verbrachte mit einem Kind aus schwierigen Verhältnissen regelmäßig Zeit, um ihm eine andere Seite des Lebens zu zeigen und vorzuleben.

Ich war die „große Schwester", und meine „kleine Schwester" hieß Sonya.

Jeden Samstag holte ich das lustige Mädchen ab, um mit ihm (wenige) Schularbeiten zu üben, aber superviel Spaß zu haben. Ihre Mutter war Alkoholikerin und schleppte dauernd neue Männer ins Haus. Ihr Vater war bereits an einer Überdosis im Gefängnis gestorben.

Samstags saß sie schon ungeduldig am Fenster und wartete auf mich. Und wehe ich kam eine Minute zu spät! Wir verstanden uns von der ersten Sekunde an prima. Der kleine Wirbelwind wusste, dass wir nur ein Jahr zusammen hatten, und wir machten das Allerbeste daraus.

Sonya wurde später von einer liebevollen Pflegefamilie aufgenommen, ging auf eine gute Schule, besaß ein Pferd und lernte Klavierspielen. Dieser kleine Sonnenschein hatte das mehr als verdient! Ihre letzte Karte an mich kam aus Paris.

Santa Fé ist die Hauptstadt der Esoterik, voll von Schamanen, *Curanderas*, den Heilerinnen, Steinauflegern und Wahrsagern. Sobald im *„Stern"* oder in der *„Brigitte"* ein Artikel darüber stand, konnte man beobachten, wie die „Sinnsucher" aus Germany in die Stadt strömten.

Ich war mir sicher, vieles war Humbug. Doch als ich bei einer Bekannten in eine Sitzung zur „Rückführung in ein früheres Leben" reinplatzte, stieg ich mit ein. Um es kurz zu machen: wir waren zu fünft, und natürlich hatten die vier anderen früher mal „als Indianer gelebt".

Nun in meiner Vorstellung erschien ich als ein großer, schlanker arabischer Mann, ein Dichter und Philosoph.... Vielleicht rührte ja diese Einbildung von dem doppelseitigen GEO-Bild eines Tuaregs her, das seit langem von meinem Kaminsims zuhause herabsah.

Dazu spukte der Wunsch, einmal in dem legendären *„La Mamounia"* in *Marrakesch* zu übernachten, schon lange in meinem Hirn herum....

48. Follow your Dreams

Wenige Tage bevor ich all mein Hab und Gut in Container laden ließ, schmiss ich noch eine Riesen-Abschiedsfeier für ca. 80 Freunde, Verwandte und Bekannte aus Albuquerque, Taos und Santa Fé.

Ich war glücklich, denn fast alle waren erschienen.

Farolitos in der Einfahrt wiesen den Weg zu meinem Haus hinauf. Die Speisen hatte ich allein in 24 Stunden mit viel Vorfreude zubereitet.

Es wurde turbulent, laut und lustig, so wie ich es liebte.

Jedermann hatte Getränke mitgebracht, und es gab gerade so genügend Platz. Eine Mordsstimmung herrschte, die mir für immer diese Party unvergessen machte. Da wurden Fremde zu Freunden. Es war großartig!

Sogar Harry kam und nahm am Ende des Abends Monster mit, denn seine Mutter und er hatten den Hund sehr geliebt. Ich trennte mich ungern von meinem kleinen Liebling, doch ich wusste, dass er es bei ihnen und in ihrem Garten besser haben würde, als bei mir in Deutschland. Dort wäre Monster allein in meiner Wohnung, wenn ich arbeiten müsste.

In der Nacht, bevor die Spediteure kamen, gingen Ulla und ich noch aus, speisten und feierten bis Mitternacht, obwohl ich kaum etwas gepackt hatte.

Als es um acht Uhr morgens an der Tür klingelte, machte ich gerade noch den letzten Umzugs-Karton zu.

So gab es keine Sekunde Zeit für Abschiedsschmerz und Wehmut!

In Deutschland holten mich Freunde vom Bahnhof ab, und ich kam erst mal bei Vera unter.

Bald jedoch fand ich eine kleine Wohnung, und so konnten meine Sachen aus den USA anrücken.

Ich meldete mich beim Sozial- und Arbeitsamt zurück, wo man mir erklärte, es gäbe keine Schneidereien mehr. Also suchte ich einen anderen Job und bewarb mich im Hotel *„Schweizer Hof"* in Hannover als Zimmermädchen. Als die verdutzte Personalchefin meinen Lebenslauf sah, schleuste sie mich umgehend durch sämtliche Restaurants des Hauses, inklusive Bankett und Gourmet-Bistro.

Am Ende übertrug sie mir die Tagesleitung des gemütlichen, kleinen Restaurants *„Zirbelstube"*. Enthusiastisch startete ich dort inmitten der stark frequentierten Hannover Messe - ohne jegliche Hilfe.

Das wäre sicher noch lange gut gelaufen, wenn mich der ältere, prominente Küchenchef *Handel* nicht derart gemobbt hätte, dass ich wiederholt krank wurde. Er war offensichtlich in mich vernarrt, ohne jegliche Erwiderung meinerseits. In der Personalabteilung hatte sich niemand getraut, etwas gegen ihn zu unternehmen. Da kam es dem Hotelbesitzer zu Ohren. Der feuerte den Küchenchef kurz darauf, und so konnte auch ich endlich selbst die Kündigung einreichen. Ich hatte mich auf keinen Fall kleinkriegen lassen wollen, bis er weg war.

Meine Überstunden erlaubten es mir, sofort zu gehen. Ich ließ mich trotz schöner Versprechen des *Schweizer Hofs* nicht mehr aufhalten. Kurzerhand buchte ich eine Reise nach Marrakesch. Die Bilder aus meinem „früheren Leben" waren immer wieder vor meinen Augen aufgetaucht: Ich, als ein „marokkanischer Mann", in der Hand ein Buch, an ein sonnendurchflutetes Fenster gelehnt, inmitten eines Orangenhains… Dem musste auf den Grund gegangen werden!

Und auf das Hotel „*La Mamounia*" war ich ja ebenso neugierig.

Vom Flughafen *Marrakesch-Menara* nahm ich mit meinem *Duffle Bag* eine Taxe direkt zum Mamounia-Hotel. Die Luft war feuchtwarm und duftete nach Jasmin, Orangenblüten und Diesel. Wir holperten an Eselkarren, qualmenden Mopeds und Mauern vorbei, überwuchert von Sträuchern blühender Drillingsblumen in leuchtenden Rottönen, bis wir in eine Einfahrt einbogen.

Türsteher in exotischen Uniformen standen aufgereiht unter eisernen Bögen im *Art-Déco-Stil* und begrüßten mich mit einem herzlichen „*Marhaba*". Das spektakuläre *Entrée* wurde von hohen Stuck-Säulen, die auf Mosaik-Sockeln stelzten, getragen. In der Eingangshalle plätscherten Springbrunnen, in denen tellergroße Hibiskus-Blüten schwammen. Eine pyramidenförmige Kuppel, an der Stuckateure jahrelang gewirkt haben mussten, erhob sich über der Lobby. Ich fühlte mich sogleich wie in „Tausendundeiner Nacht".

Der sehr freundliche, junge Mann am Empfang gab mir (natürlich!) das „schönste Zimmer im gesamten Haus". Ich buchte drei Nächte, obwohl es ziemlich teuer war, aber es musste nun mal sein!

Mein prachtvoller weiträumiger Salon und ein ebensolches Bad, ganz aus weißem Marmor, waren stilvoll ausgestattet und dekoriert. Schwere edle Vorhänge, geschnitzte Schränke, farbenfroh bemalte Türen und wunderschöne Fayence-Mosaik-Bodenfliesen - alles war opulent und in Perfektion.

Es duftete nach Zedernholz. Auf dem Tisch stand eine gewaltige Schale, aus der Früchte quollen, daneben ein üppiger Rosenstrauß, sowie ein Porzellan-Schälchen mit feinem Mandelkonfekt.

Von meiner Terrasse aus hatte ich einen herrlichen Blick über die sagenhafte Gartenanlage und den Swimmingpool, aus dessen Mitte heraus Fächerpalmen, wie riesige gespreizte Hände, in den Himmel ragten. Ich genoss die Ruhe und die Schönheit der Anlage fernab vom wahren Leben, das auf der anderen Seite des Hotelgebäudes tobte. Diesseits hörte man kaum etwas vom Lärm, denn hier war man durch die hohe alte Stadtmauer abgeschirmt.

Im Hintergrund erblickte ich die noch schneebedeckten Gipfel des Atlas Gebirges. Vogelgezwitscher, Wassergeplätscher, Blütenduft – es war so, wie in meinen Wachträumen. Das alles musste ich erstmal, bis tief in die laue Nacht hinein, auf mich wirken lassen.

Prinz Moulay Mamoun hatte das Anwesen im 18. Jahrhundert von seinem Vater zur Hochzeit geschenkt bekommen und es für aufsehenerregende Garten-Partys genutzt. Vor nunmehr 100 Jahren wurde es in ein Hotel umgestaltet.

Winston Churchill, der vor den kalten Wintern in England hierher floh und an seinen Aquarellen malte, nannte es damals bereits „den schönsten Platz auf Erden". Seither wurde die Gästeliste der Stars, Politiker und Prominenten immer länger.

Am nächsten Morgen, bei einem vortrefflichen Frühstück, lernte ich den Arzt *Peter* aus Kassel kennen. Ein Sahara-Fan, der wie ich, schon immer vom Mamounia geträumt hatte. Er lud mich zu einer Pferdekutschfahrt ein, die kreuz und quer durch Marrakesch führte.

Der Kutscher in cremefarbener *Djellaba*, einem weiten Übermantel, und mit brauner Base-Cap bekleidet, lenkte unser Gefährt an Seitengassen und düsteren Tunneln vorbei.

Wir konnten flüchtige Einblicke von verborgene Palästen, den *Riads*, erhaschen, die hinter unscheinbaren Mauern versteckt waren. Laute Musik plärrte aus handtuchgroßen Kassetten-Läden. Wir rumpelten durch Schlaglöcher, über Plätze, durch engste Gassen und Tore, quengelten uns durch Menschenströme, vorbei an Eseltransporten, die haushoch mit Teppichen beladen waren, und an Männern, die Bleche voller Gebäck auf ihren Köpfen balancierten. Kreischende Schulkinder in Uniformen rannten vorneweg und nervig-trötende Mopeds drängelten mit Karacho an uns vorbei.

Zum Abschied schenkte mir Peter das Buch „*Tuareg*" von *Alberto-Vázquez-Figueroa*. Es hatte das gleiche Gesicht auf dem Titel, wie das des Wüstensohns auf dem Bild an meinem Kaminsims in Santa Fé.

Erfrischt nach einem erholsamen Bad, kleidete ich mich hübsch an und bekam prompt eine Einladung des charmanten Rezeptionisten, für ein *Couscous-Essen* in seinem Elternhaus. Ich lehnte jedoch höflich ab.

Dann wandelte ich unter dem gigantischen Kronleuchter in der Eingangshalle hindurch, die sagenhaften Gänge entlang ins „*Restaurant Le Marocain*", ein Palais in Schwarz und Weiß. Dort wollte ich ein mehrgängiges, fürstliches Mahl einnehmen. Wunderschöne junge Tänzerinnen in pastellfarbenen orientalischen Verschleierungen tanzten graziös mit schwingenden Hüften vor meinem Tisch auf und ab, und die Aufmerksamkeit aller Kellner in ihren strahlend-weißen Uniformen und Turbanen wurde mir, als einzelner Frau, zuteil.

Die anderen Gäste staunten nur.

Ja, ich musste gestehen: „*La gazelle*", wie man mich später oft in Marokko nannte, hatte es sich nicht mal annähernd so schön erträumt.

Erst die Möglichkeit einen Traum zu verwirklichen,
macht unser Leben lebenswert!

Paolo Coelho

49. Marrakesch

Nach dem Motto: Nur wo du zu Fuß warst, bist du auch wirklich gewesen (*J.W. von Goethe*), machte ich mich am nächsten Tag auf die Socken, um frei und planlos dieses aufregende Marrakesch, „das offene Tor zur Wüste", zu erforschen.

Staubig-warme Luft, vermischt mit dem Geruch von Pferde-Dung, empfing mich. Die Straße war gesäumt mit Palmen und eingetrockneten Pflanzenkübeln. Es herrschte reger Verkehr. Niemand schien mich wahrzunehmen, bis auf ein paar Halbstarke, die ein paar „*Psssst-psssst*" loswerden mussten. Da aber von mir keine Reaktion kam, schlurften sie, ohne mich weiter zu belästigen, in ihren Gummilatschen weiter. Während ich die Straße Richtung Innenstadt hinunter schlenderte, näherte ich mich einem Schuhputz-Jungen, der auf einer Bank saß und unaufhörlich gegen seinen Holzkasten klopfte, bis ein gutgekleideter Herr sich niederließ und sich die Schuhe wichsen ließ. Verschleierte Mädchen stolzierten neben anderen, die bauchfrei und in Mini-Röcken gekleidet waren, vor mir her. Gelegentlich standen zerlumpte Bettler am Wegesrand, in deren geöffnete Hand ich ab und an ein paar Dinar legte. Dafür bekam ich jedes Mal eine Segnung.

Stets trug ich Wechselgeld in der Hosenbeintasche und war sehr beeindruckt, als ich beobachtete, wie ein Bettler mit einem Blinden, der an der Hand eines Kindes vorüberstolperte, seine Spende teilte.

Auf den Türmchen der Stadtmauer hatten sich Störche ihr Heim gebaut, und Mauersegler schwebten umher. Ein Mann mit zerfetztem Strohhut klapperte mit einer Ladung Hühner, die an den Füßen zusammengebunden waren, auf seinem

Fahrrad vorbei. Schüchterne Kinder versuchten Papiertaschentücher oder einzelne Zigaretten an Passanten zu verhökern.

Ich kam zu einem kleineren *Souk*, in dem Lädchen, klein wie Kaninchenställe, aufgereiht waren. Schneider hockten auf Tischen und nähten oder bestickten Kaftane unter schummriger Beleuchtung. Sie arbeiteten so flink, dass meine Augen kaum folgen konnten.

Daneben befanden sich Stände mit sauber ausgelegten Früchten, Nüssen und Datteln, und gleich etwas weiter war einer mit exakt geformten Pyramiden aus Gewürzen in leuchtenden Erdtönen. Gelb, Karminrot, Braun und Rost - eine wahre Augenweide!

Der betörende Duft des Orients wechselte sich mit Uringestank ab. Offene Metzgerbuden boten Hirn und Schafsgedärm in Plastikschalen an. An Haken hingen Ziegenbeine und gehäutete Lamm-Kadaver, an denen sich Wolken von Fliegen zu schaffen machten.

Abgemagerte Hunde winselten auf dem nassen Boden umher. Nach ein paar Schritten erregte ein Stand mit buntgewebten Troddeln und Schals meine Aufmerksamkeit. Daneben löteten Handwerker eiserne Laternen zusammen und versahen sie mit farbigen Glasscherben.

Natürlich war ich nun neugierig auf den großen Souk am *Djemma-El-Fna*, dem Platz der Gehenkten. So lief ich eine schmale Gasse hinunter, an Kiosken, Reparatur-Werkstätten und Bäckereien vorbei, lugte in zwielichtige Wege hinein, wich hier und da ungeduldig-hupenden Mofas aus, überholte Ansammlungen von schwatzenden Frauen in schwarzen Umhängen und kam ziemlich hungrig unten am Platz an.

Um mir einen Überblick zu verschaffen, stieg ich steile Treppenstufen drei Stockwerke hinauf, zu einem der Restaurants mit Dachterrasse. Trotz der Fülle von Touristen, erwischte ich einen freien Tisch direkt an der eisernen Brüstung. Unter andauerndem Trommellärm konnte ich von hier aus das gesamte Geschehen überblicken. Der *Djemma-El-Fna* war wohl der lebendigste Ort, den ich je zu Gesicht bekommen hatte.

Ich machte mich genüsslich über mein einfaches Menü her: Lammspieße mit Pommes, dazu *Schweppes Citron* aus der Dose. Danach konnte ich mich ohne weitere Störungen dem Schauspiel drunten hingeben. Wasserverkäufer klapperten mit Kastagnetten und schwangen ihre mit Troddeln behangenen Sombrero-Hüte im Kreis. Sie stachen in ihren roten Kostümen aus der Menge heraus und boten frisches Wasser aus Ziegenhaut-Beuteln an. Am Boden saßen Schlangenbeschwörer, die mit dem nervigen Gedudel ihrer Flöten, angeblich ihre Kobras zum Tanzen brachten.

Grün-rot-gekleidete Artistenjungen bildeten Menschen-Pyramiden, und „Zahnärzte" boten, auf Decken kniend, ihre Dienste an. Dazu stellten sie gezogenen Zähne und Gebisse zur Schau.

Frauen malten Henna-Tattoos auf die Hände strahlender Touristinnen, und Männer an winzigen Schreibtischen schrieben oder lasen Behördenschreiben und Briefe vor. Ein grimmig aussehender Mann, mit einem schmutzigen Tuch um den Kopf, zerrte ungeduldig an einer Kette, an der ein ängstliches Berber-Äffchen seine Kunststücke vorführen sollte.

Einheimische Männer standen im Kreis um einen Märchenerzähler herum. Er hielt die Menge in Spannung, während der Wind die Hitze vertrieb und den staubtrockenen Platz zugleich von herumtanzenden schwarzen Plastiktüten säuberte.

Was für ein Spektakel!

Vor Schneckensuppen-Ständen und Garküchen wurden Tische und Bänke aufgebaut, flankiert von blauweißen Verkaufswagen, die unter gleißender Beleuchtung frischgepressten Orangensaft anboten.

Nun wanderte ich los, um den *Souk*, der über 3000 Geschäfte umfasste, unter die Lupe zu nehmen. Mit *„Agi, Agi!"*, „komm, komm", versuchten ein paar Jugendliche sich als Führer aufzudrängen. Doch da lagen sie bei mir falsch! Als ich ihnen deutlich ein *„Bzef!"* - genug, entgegnete, flatterten sie in ihren Puschen davon und versuchten es sogleich bei den nächsten Touristen.

Also hinein ins Vergnügen! Ich wollte mir den Weg merken, aber bereits nach fünf Minuten war ich von dem überwältigenden Angebot abgelenkt: Bunte Stoffe, *Babouschen*, arabische Pantoffeln in allen modischen Variationen, Schmuck, Taschen, Kunsthandwerk, Keramik, Kaftane, Souvenirs, Messingwaren, Aladins Wunderlampen und geschnitzte Holzmöbel. Dazu betörten mich die Düfte von *Thuja*-Holz, Wollteppichen, Leder, Farben und Gewürzen. Geräusche und Neugier auf die nächsten rätselhaften Dinge trieben mich in den Gängen aus Schatten und Licht immer weiter vorwärts.

> Das Schönste was wir entdecken können,
> ist das Geheimnisvolle!
>
> *Albert Einstein*

Natürlich bekam ich bei jedem Gespräch mit einem Verkäufer einen *„Marokkanischen Whiskey"* angeboten, oft auch eine Einladung nachhause. Den supersüßen Minze-Tee nahm ich höflichkeitshalber an. Die Einladungen natürlich nicht!

Esel und Karren transportierten Waren von einem Platz zum nächsten. Man verlief sich im Souk und fand doch irgendwie immer wieder heraus.

An einem Ausgang gelangte ich zu dem jüdischen Viertel, der *Mellah*, an einem anderen landete ich in einer „Apotheke". Dort waren Gläser und durchsichtige Kästen in Regalen bis unter die Decke gestapelt, gefüllt mit getrockneten Kräutern und Heilmitteln. Einige halfen bei Potenzschwierigkeiten, etliche förderten das Glück und manche linderten bestimmte Krankheiten. Zum verhexen des untreuen Ehemannes war zermahlenes Glas und Gebein vorgesehen. Auf dem Boden standen Käfige mit lebendigen Echsen, Schildkröten und Fröschen – was man für die Magie halt so brauchte…

Bis auf eine silberne *„Hand der Fatima"*, die alles Böse von mir fernhalten sollte, und ein paar aktuelle arabische Musikkassetten, allesamt Kopien und daher super-billig, war ich standhaft geblieben. Ich hatte ja nicht viel Platz im Gepäck.

Musik, Speisen und Sprache des jeweils besuchten Landes gehörten für mich generell zum Reisen dazu.

Zum Verarbeiten der vielen Eindrücke fuhr ich mit einem Stadt-Taxi in die Neustadt. Ich hing in einem Eckkaffee, in dem ausschließlich Männer saßen und palaverten, völlig unbehelligt eine Weile herum. Ich nahm zwei *„Ness-Ness"*, starker *Nescafé* mit Milch und Zucker, zu mir. Dazu knabberte ich mein Lieblingsgebäck *„Cornes de Gazelle"*, wundervolle, zarte Mandelhörnchen.

„C'est la vie….", wie der Franzose sagt.

Nun war ich nicht mehr weit entfernt vom *„Jardin Majorelle"*, einem der schönsten Gärten weltweit.

Einst vom Maler *Jacques Majorelle* angelegt, beherbergt er Pflanzen aus allen fünf Kontinenten, viele verschiedene Kakteenarten, ein Bambuswäldchen und ein islamisches Museum.

Der Modezar *Yves Saint Laurent* erwarb diese Anlage 1980. Die Villa und das Studio erstrahlen noch heute in Kobaltblau.

YSLs Asche wurde dort von seinen Freunden 2008 im Rosengarten verstreut.

50. Ouarzazate

Am nächsten Morgen fragte ich mich zum Standort der Über-
land-Taxis durch. Ich musste nicht allzu lange warten, bis
meine Sammeltaxe voll war. Vorausschauend hatte ich die
vorderen Sitzplätze bezahlt. So hatte ich genügend Platz neben dem Fahrer, einem stoischen Mann mit Pudelmütze.

Auf dem Weg nach Süden, Richtung *Ouarzazate*, fuhren wir
entlang glühendroter Stadtmauern mit zahlreichen Zinnen
und Storchennestern. Wir zockelten durch kleine Ortschaften
mit schreienden Eseln und verlausten Straßenkötern. Polizisten machten grundlos Lärm mit ihren Trillerpfeifen, und Kinder schleppten riesige Wasserkanister vom Fluss heran, in
dem Frauen gerade noch Wäschestücke auf Steinen ge-
schrubbt hatten. Sie breiteten die Teile danach zum Trocknen
über Sträuchern aus.

Junge Männer in braunen Burnussen bummelten Hand in
Hand an Straßenrand entlang. Ohne Scham erledigte ein
Mann in Sichtweite sein großes Geschäft, den Burnus hochge-
rafft.

Langsam stieg die Straße zum *Hohen Atlas* an. Etliche bunt-
bemalte Lastwagen waren in beiden Richtungen unterwegs.
Auf dem höchsten Punkt der Berge, dem *Tizi n'Tichka*, machten alle bei Motorlärm und Dieselgestank eine kurze Pause,
um auf das gruseligste Plumpsklo der Erde zu gehen.

Jedoch ohne mich!

Wir mussten den Atlas auf einer sehr gefährlichen Straße
überqueren. Es gab nur diese eine Verbindung von Marrakesch nach Ouarzazate. Die Straße war streckenweise äußerst
schmal und ohne Seitenplanken, obwohl es direkt daneben

zig Meter in die Tiefe ging. Schwer beladene Fahrzeuge schnitten ständig die Kurven, trotzdem die Sicht durch schroffe Felsvorsprünge verdeckt war. Ich mochte nicht hinsehen und wünschte mir nur sehnlichst, endlich heile da durchgekommen zu sein.

Das Radio dudelte irgendeinen monotonen Sing-Sang, und längst hatte ich den Unmut der vier gelbzahnigen Mitreisenden auf der Rückbank gespürt, vermutlich wegen meines Extraplatzes. Ich hielt dem Taxi-Fahrer eine neu errungene arabische Musikkassette hin, die er sogleich in den Kassetten-Schlitz steckte. Sein Gesicht erhellte sich.

Zuvor hatte er keine Miene verzogen. Nun verlangsamte er jedes Mal die Fahrt, wenn es etwas zu sehen gab und wies mit gespitzten Lippen darauf hin. Mit einem gehauchten „Schofi - Schofi…" - „Guck mal", deutete er an, wo ich Fotos aus dem Fenster schießen konnte.

Nachdem ich die mürrischen Blicke meiner Mitfahrer gespürt hatte, kramte ich meine Bonbondose heraus und verteilte Pfefferminz-Bonbons im Wagen. Als ich plötzlich Gejapse und Gehechel von der Rückbank vernahm, fiel mir ein, dass es „Fisherman's Extra Scharfe" waren. Werbeslogan: „Sind sie zu stark – bist du zu schwach!"... Sorry!

Die Berglandschaft wurde langsam flacher. Kinder boten hockend Bergkristalle und Edelsteine in aufgeschlagenen Steinen zum Verkauf an. Im Hintergrund erblickte ich kleine Steinhäuser aus Felsklumpen, die wohl bereits zu Urzeiten zusammengesetzt worden waren.

Bald konnte man in der Ferne Festungen, Ksars, und kleine Siedlungen erkennen. Die Häuser der Lehmdörfer hatten die Farbe der darum liegenden Hügel. Kamele standen einzeln mit jeweils einem hochgebundenen Bein in menschenleerer

Gegend herum. Dorniges Gestrüpp und Kakteen säumten nun morastige Wege. Entlang der Fahrbahn trugen fröhlich-lachende Frauen hohe Bündel mit Brennmaterial auf ihren Köpfen. Sie waren bunt gekleidet, und ich konnte Tätowierungen in manchen ihrer Gesichter erkennen, sowie das leise Klirren ihrer silbernen Armreifen vernehmen.

Nach etwa vierstündiger Fahrt ging es nur noch geradeaus, und *Ouarzazate*, eine Stadt aus Lehmziegel-Häusern mit unzähligen Palmen, tauchte vor uns auf. Es wurde wüstenartig warm. Einige *Off-Road*-Fahrzeuge, die aus Richtung *Agadir* kamen, preschten nun mit uns die staubige Straße entlang, Ich empfand sofort eine vage Vorfreude auf ein neues Abenteuer.

„Einmal in der Wüste, hast du die Wüste in dir!", sagt ein Sprichwort.

Es ging an den monumentalen *Atlas*-Filmstudios vorbei, die von außen einem ägyptischen Pharaonen-Palast glichen. Hier wurden Streifen wie *„der Gladiator"*, *„Lawrence von Arabien"*, *„Die Bibel"* und später noch viele weitere bekannte Filme gedreht.

Nachdem wir auf dem Taxi-Sammelplatz gelandet waren, suchte ich ein Hotel in der Nähe auf, das speziell für Alleinreisenden empfohlen worden war. Ich war froh, mich endlich ausstrecken zu können.

Doch bereits beim Auspacken meiner sieben Sachen, klopfte ein Mann an die Tür: *„Madame, pas de l'eau chaude!"* Kein warmes Wasser!

Etwas später klopfte es wieder, und wieder… bis ich durch die schummrig beleuchteten Gänge hinauslief, um mich nach einem anderen Schlafplatz umzusehen. Mein Gepäck ließ ich erst mal dort.

In einer Seitenstraße gegenüber sah ich ein hell erleuchtetes Schild *„Hotel Royal"*. Es war zwar nichts Royales an der kleinen Absteige, aber es machte einen vertrauensvollen Eindruck, und es tummelten sich ein paar gutgelaunte Europäer in der Eingangshalle. Ich bekam das angeblich letzte verfügbare Zimmer von dem etwa 12-jährigen Jungen am Empfang. Ohne es anzusehen, bezahlte ich es und bat den Knaben, ob er sicherheitshalber mitkommen könnte, um mein Gepäck aus der anderen Unterkunft wegzuholen.

Da sprang ein hochgewachsener, schlanker Einheimischer aus der Ecke hinter der Rezeption mit einem „Ich kann Ihnen helfen!" hervor.

Auf dem Weg hinüber zur vorherigen Bleibe, erklärte er mir, dass der Junge der Besitzer des Hotels sei. Mein Auszug klappte im Beisein meines Begleiters reibungs- und wortlos. Die Männer des Hotels starrten uns nur an. Bezahlt hatte ich ja bei der Ankunft bereits.

Das Zimmer im *Royal* war winzig, etwas stickig, denn es hatte nur ein kleines Karree als Fenster. Aber es war ruhig, bis auf ein paar Mopeds, die unten in der Gasse ab und zu entlang knatterten. Jedenfalls fühlte ich mich hier sicherer, und der junge Beschützer hatte durch seine zurückhaltende und freundliche Art meine Aufmerksamkeit erlangt. Ich ging hinunter, um ihm für seine Hilfe ein Trinkgeld zu geben. Da fragte er mich, ob ich noch etwas essen wolle, er könne mir ein nettes kleines Dachrestaurant zeigen. Also lud ich ihn ein, und wir speisten dort *Tagine* mit Zitronenhähnchen in der kühlen Abendbrise, während wir uns unsere Leben erzählten.

Abdel El Abiad, 19 Jahre jünger als ich, war Touristenführer, sehr gepflegt und hatte gute Manieren.

Er hatte zuvor beim *Croix Rouge* gearbeitet und war dadurch sogar einmal in Berlin zu Besuch beim *Roten Kreuz* gewesen. Abdel hatte einen stolzen Gang, war sehr attraktiv und gleichwohl sehr schüchtern. Er plauderte mit einer warmen Stimme und brachte mich auf eine kindliche Art zum Lachen. Ich spürte sofort eine Vertrautheit.

Am nächsten Morgen wollte Abdel mir Sehenswürdigkeiten zeigen und mietete einen Wagen gegenüber bei „*Tafoukt Cars*", der Autovermietung seines Freundes *Brahim*.

Mein kleines Herz bubberte, als ich meinen charmanten neuen Freund wiedersah und er mich anstrahlte. Ich hatte die ganze Nacht an ihn denken müssen. Ich war wie verzaubert.

Höchstwahrscheinlich hatte Abdel Ausflüge bereits des Öfteren mit Touristen unternommen, aber er gab mir das Gefühl, dass er diese Streifzüge vornehmlich nur mit mir machte.

Wir kletterten in der Kasbah von *Ait-Ben-Haddou* herum, einer 1000-jährigen Lehmziegel-Stadt in Berber-Architektur, ein Weltkulturerbe. Bei Verwandten in einer abgelegenen Oase hielten wir in ihrem urigen Stampflehm-Haus eine Tee-Zeremonie ab: ‚Das 1. Glas war bitter wie das Leben. Das 2. war süß wie die Liebe. Das 3. War so sanft wie der Tod.'

Wir erforschten eine versteckte, seit langer Zeit unbewohnte Wohnburg, innen total mit kostbaren Schnitzereien, Stuckarbeiten und Mosaik-Fliesen übersäht. Die Tür war unverschlossen. Es schien so, als ob die Bewohner diese prächtige Kasbah gerade erst verlassen hatten. Aus den mit Schmiedeeisen verzierten Fenstern des oberen Stockes blickten wir ins weite Land auf Palmengärten und Rosenfelder, während wir uns scheu berührten. Ein warmer Wind blies in die offenen Fenster und brachte draußen die Palmwedel zum Rauschen.

Ich hatte das Gefühl, mir würde das Herz zerspringen, so sehr wünschte ich mir, Teil dieser friedlichen, faszinierenden Welt zu sein.

Später picknickten wir am *El-Mansour-Eddahbi-Stausee*. Die frische Luft und die mitgebrachten Sandwiches schmeckten wunderbar. Ebenso, wie unsere ersten zaghaften Küsse...

51. Abdel

Am nächsten Tag fuhren wir nach *Zagora*, einer ehemaligen Karawanen-Stadt am Rande der Sahara. Der Weg dorthin führte uns durch das *Drâa-Tal*, das sich von Ouarzazate bis *Zagora* hinzog. Der *Drâa*-Fluss bewässerte blühende Gärten, Gemüse-Felder und üppige Palmen-Plantagen. Dort legten wir eine kleine Pause ein.

Es ging durch Ortschaften und an Kasbahs vorbei, an denen die Zeit stillgestanden zu sein schien. Staubwolken wirbelten hinter uns her, und die Luft flimmerte von der aufsteigenden Hitze.

Der Alte, der uns bei einem Stopp am Straßenrand eisge-kühlte Mandelmilch verkaufte, wischte sich mit dem Zipfel seines Turbans den Staub aus dem sonnengegerbten Gesicht. Wir kauften ihm noch Pistazien in einer Tüte ab, die aus einer Schulheftseite gefaltet war. Er nickte ohne hochzusehen und murmelte: „*Choukran!*", Danke!

Zagora erinnerte mich an Tamanrasset: Märkte, emsiges Treiben, kleine Cafés und eine aufregende Mischung aus Ein-heimischen und Abenteurern. Etliche Männer waren in lan-gen blauen oder weißen Gewändern und mit Turbanen be-kleidet. Dazu trugen einige riesige verspiegelte Sonnenbrillen. Manche hatten kajalumrandete Augen.

Abdel fuhr noch kurz bei seinem Bruder *Karim* vorbei, mit dem er verabredete, dass wir abends zum *Couscous*-Essen zu ihm nachhause kommen würden. Er war Forstwirt, wie sein Vater, und lebte in Zagora mit Frau und zwei kleinen Kin-dern.

Auf dem Weg zum Hotel passierten wir ein großes handgemaltes Hinweisschild: *„52 Tage bis Timbuktu"* - allerdings wohl auf einem Kamel quer durch die algerische Sahara.

Ich war begeistert, als wir bei der verträumten Oasen-Herberge vorfuhren. *„La Fibule"* (die Brosche) war ein wundervolles Beispiel für traditionelle Lehm-Architektur. Mehrstöckig, verschachtelt, und alle Außenwände waren mit Berber-Mustern verziert. Es gab verwinkelte Gänge, Treppen, Salons und gemütliche Sitzecken voll bunter Webdecken, Kissen, Tischchen und *Poufs*.

Nachdem Abdel mit dem jungen Rezeptionisten über etwas auf Arabisch verhandelt hatte, stiegen wir entlang buntbemalter Wände hinauf auf die Dachterrasse. Von hier oben aus schauten wir auf den angestrahlten Pool in einem Innenhof voller Palmen, Granatapfel-Sträuchern, Papyrus und Oleander. Vogelgezwitscher begrüßte uns.

Es war so romantisch. Und irgendwie, ohne darüber geredet zu haben, war es klar, dass wir ein Zimmer zusammennehmen würden.

Unsere hübsch eingerichtete Kemenate war ebenfalls im obersten Stockwerk, von wo aus wir die Landschaft überblicken konnten. Außerhalb der Anlage war die Vegetation dürftig. Nur Gestrüpp, Kakteen und gelber Sand, denn gleich hier begann schon die Wüste.

Nach dem Auspacken überredete Abdel mich, einen kurzen Kamelritt an den Dünen zu unternehmen. Das Aufsteigen auf das Trampeltier klappte noch ganz gut, aber trotz unseres liebenswürdigen Kameltreibers, hatte ich bald von der Schaukelei genug.

Die *„52 Tage bis Timbuktu"* hätte ich vor Seekrankheit nicht überstanden.

Ich musste unweigerlich an *Kit* in *Paul Bowles'* Roman „*Himmel über der Wüste*" denken.

Am frühen Abend machten wir uns auf zu Karim und seiner Familie. Wir mochten uns auf Anhieb. *Naïma*, die Kinder und ich redeten mit Händen und Füßen, denn nur die Männer sprachen Französisch. Der *Couscous* schmeckte wunderbar. Ich bekam einen Löffel, während die anderen Hühnerfleisch, Gemüse und Gries mit den Fingern einer Hand zu Kugeln rollten, um sie dann im Mund zu verschwinden zu lassen.

Zum Abschluss nahmen wir noch einen „*Whiskey Berbère*", einen Minze Tee mit Schaumkrone, zu uns.

„*Bssaha*", zur Gesundheit!

Zurück, auf der Dachterrasse unseres Hotels, genossen Abdel und ich die Stille der Sahara. Der Wind rauschte leise, und der Himmel wölbte sich über uns. Wir betrachteten die Sterne und schwiegen, eng aneinander gekuschelt. Ich war wie hypnotisiert von diesem Mann. Abdel gab mir Ruhe und Vertrauen. Er wirkte so unschuldig, aber dadurch auch unwiderstehlich. Das Schicksal musste sich schon was einfallen lassen, dass ich diesen Mann wieder fortziehen ließe.

Ich hatte unwirkliche Glücksgefühle, und Gänsehaut lügt ja nicht!

Auf dem Rückweg nach Ouarzazate kamen wir in einen heftigen Platzregen. Das *Wadi*, das Flussbett, das die Straße durchquerte und das wir auf dem Hinweg noch problemlos passiert hatten, war im Nu zu einem reißenden Strom angeschwollen. Auf beiden Seiten der Fahrbahn bildeten sich lange Autoschlangen. Nur ein paar Off-Road-Fahrzeuge wagten ganz langsam die Durchquerung. Nach zwei Stunden Wartezeit, als das Wasser halbwegs abgeflossen war, ging es dann weiter. Und die Sonne flammte mit voller Wucht aufs Neue auf.

Am nächsten Tag wollte ich nach *Agadir*, denn ich hatte dort bereits für drei Nächte ein Hotelzimmer samt Rückflug gebucht. Für Abdel war es klar, dass er mich hinfährt, um bis zur letzten Minute bei mir zu sein. Wir zwei waren bis über beide Ohren ineinander verschossen.

In *Agadir* hatten wir Probleme, als Abdel das Zimmer mit mir teilen wollte, denn die Gesetze in Marokko sind sehr streng. Aber ich habe nach zähen Diskussionen durchgesetzt, dass mein „Verlobter" bei mir übernachten durfte.

Wir verbrachten unbeschwerte Tage am Meer und bummelten abends die Strandpromenade entlang, auf der Kinder sich auf quietschenden Uralt-Karussells vergnügten. Von den Restaurants her hallte fröhliches Lachen, und Jugendliche saßen auf der Kaimauer und amüsierten sich. Das Rauschen des Meeres war sehr laut. Es drang bis zu uns in unser kleines Nachtquartier, selbst bei geschlossenen Fensterläden. Als wir ein Bad im strahlenden Licht des Mondes nahmen, der durch das hohe Badzimmerfenster hereinschien, wurde es romantisch. Abdels Haut war wie *Café-au-Lait* mit Honig. Seine Küsse waren leicht und erfrischend und schmeckten nach den Orangenscheiben mit Zimt, die wir zuvor genascht hatten. Wir fühlten uns wie zwei leuchtende Sterne, die für einander bestimmt zu sein schienen.

Ein Tagesausflug führte uns nach *Essaouira*, einer Festungsstadt am Meer, mit engen Straßen, Bogengängen und windschiefen Häusern. Die Brandung donnerte gegen die Felsen, und die Luft schmeckte nach Salz. In winkligen Innenhöfen entdeckten wir kleine Souks mit säuberlich ausgelegtem

Fisch, Fleisch oder Gemüse. Es ertönte *Gnawa*-Musik, die Sklaven-Musik, für die *Essaouira* berühmt war.

Die Stadt hatte einen altertümlichen Charme. Es gab Festungsmauern mit Kanonen. Darunter befanden sich Gewölbe mit Werkstätten etlicher Kunsthandwerker, denen wir bei ihren Intarsien-Arbeiten aus Perlmutt und Zitronenholz zusehen konnten.

Hier tummelten sich Surfer aus aller Welt, denn die Brandung war augenscheinlich herausragend.

Ein kleiner Hafen, in dem unzählige blaue Boote lagen, befand sich in der nahegelegenen Bucht. Angeschlossen war ein Fischmarkt, auf dem man sich zuck-frische Meeresfrüchte an Ständen aussuchen konnte, die dann direkt gegrillt und auf beistehenden Holztischen serviert wurden. Es duftete lecker, Möwen flatterten kreischend umher, und Katzen lauerten unter Bänken auf einen heruntergefallenen Bissen.

Mein *„Habibi"*, mein Liebster, und ich liefen unbeschwert Arm in Arm zwischen Einheimischen, verschleierten Frauen und Hippies umher. Wir machten uns kaum Gedanken über die Zukunft. Aber wir spürten beide: es war mehr, als ein schöner verliebter Irrtum mit uns.

Auf der Fahrt zurück nach *Agadir* nahmen wir eine andere Route. Dort entdeckten wir Bäume, etwas entfernt von der Fahrbahn, in deren Kronen hoch oben etliche Ziegen herumkletterten und die Früchte abknabberten. Es gab außerdem eine kleine Kooperative, in der heitere Berber-Frauen *Argan*-Öl aus den Früchten dieser Bäume gewannen. Sie klopften die Samen der *Argan*-Mandeln mit Steinen heraus, rösteten sie und rieben sie in einer vorsintflutlichen Steinmühle zu einer Paste - eine sehr aufwändige Prozedur.

Während Abdel den Wagen lenkte, beobachtete ich ihn. Ich liebte inzwischen alles an ihm. Die Augen, seine sanfte Stimme, die Wörter, die er benutzte, wie er kicherte und mich anlächelte. Mein Leben war in dieser Zeit sehr unwirklich und wunderschön. Es gab nur unsere Träume, aber eine mögliche Zukunft? Wie sollte das gehen?

Als wir uns am Flughafen trennen mussten, heulten wir beide. Wir gaben uns Versprechen für Telefonate, Briefe und ein Wiedersehen.

Es ist immer etwas Wahnsinn in der Liebe.
Es ist aber auch immer etwas Vernunft im Wahnsinn.

Friedrich Nietsche

52. Meine marokkanische Familie

Kurz nach meiner Rückkehr in Hannover trat ich einen Job als Leiterin des witzigen Amerikanischen Hamburger-Ladens *„Mel's Diner"* an, der gerade neu eröffnet hatte. Es war keine besonders schwierige Aufgabe mit Warenbestellungen, Kontrolle und einer Handvoll Angestellten, doch es machte großen Spaß. Ich konnte nicht ahnen, dass der Besitzer, der nachts die Einnahmen abholte und den Laden abschloss, in Drogengeschäfte verwickelt war.

Als ich mitbekam, dass er die Beschäftigten um Arbeitsstunden betrog und er eines nachts gar nicht auftauchte, weil er zugedröhnt war, wollte ich kündigen.

Doch er versteckte sich vor mir. Ich ließ mir von einem Angestellten die Übergabe meiner Kündigung bescheinigen und klagte vor dem Arbeitsgericht, bei dem nur sein Anwalt erschien, erfolgreich drei Monatsgehälter ein. Diese wurden dann auch sofort gezahlt, und so ging mein nächster Flug erneut Richtung Marokko.

Ich musste Abdel wiedersehen, um für mich zu klären, ob das Ganze nicht ein Hirngespinst war.

Aber als wir uns in die Arme fielen, war bereits klar, dass wir zusammenbleiben werden. Egal wie!

Sein Elternhaus lag hinter sicheren Mauern in einer guten Gegend Ouarzazates, da der Vater beim Staat angestellt war. Dieses Mal stellte Abdel mich seiner Familie vor, die mich mit großer Gastfreundschaft zuhause mit einem Festmahl empfing.

Der Vater, ein schlanker, hochgewachsener Araber mit weißem Haar, war still und ernst. Abdels immer lächelnde, zierliche Mutter war stets besorgt, mir könnte es an etwas mangeln. Sie huschte pausenlos in die winzige Küche, um etwas zu holen: Löffel, Brot, Servietten oder Früchte, die sie dann für mich schälte. Abdels zwei herzige Schwestern, *Chadia* und *Noura*, wollten sich meinen Besuch ebenfalls nicht entgehen lassen. Dazu kamen noch drei Brüder, von denen ich *Tarik*, den Zwölfjährigen und Jüngsten, sofort ins Herz schloss. Er wich nicht mehr von meiner Seite.

Er war sehr schlau, witzig und süß – ein „Mini-Abdel".

Beim Essen feuerte mich Abdels Mutter immer wieder in ihrer Berber-Sprache an: *„mangi, mangi!"* (iss, iss) oder *„kuli, kuli!"* (trink, trink).

Sie strahlte, wenn ich alles probierte und dazu „lecker" sagte.

Obwohl ich mich mit den Eltern nur mit Gesten verständigen konnte, gab es viel zu „reden" und zu lachen. Sogar dem Vater huschte hin und wieder ein verschmitztes Lächeln übers Gesicht.

Ich bekam mein eigenes Zimmer, was in einem Anbau war und sonst wohl nur für Feierlichkeiten genutzt wurde. Darin befanden sich ringsherum Divane und Kissen, mit orientalischen Stoffen bezogen. Dorthin konnte ich mich zurückziehen, wenn ich wollte und meine Sachen ausbreiten. In der Ecke waren etliche Wolldecken für die kalten Nächte gestapelt.

Jeder bemühte sich, es mir so angenehm wie möglich zu machen.

Da wir beschlossen hatten, dass Abdel zu mir nach Deutschland ziehen würde, benötigten wir nun einige Papiere für ein Verlobten-Visum.

Die Geburtsurkunde befand sich allerdings in der weit entfernten Provinzstadt *Romani*, und für weitere Unterlagen
mussten wir in die Hauptstadt *Rabat*, wo seine *Lalla*, seine
Tante, lebte. Sie war eine beleibte Frau mit hennarotem Kraus-
haar und Tattoos im Gesicht. Vom ersten Augenblick an be-
gutachtete sie mich besonders streng, da Abdel ihr Lieblings-
neffe war. Wie bei vielen Marokkanerinnen üblich, trug sie ein
hübsches, langes Nachthemd, worüber sie beim Verlassen des
Hauses einfach eine Djellaba zog.

Während der Satelliten-Fernseher ununterbrochen lief - ich
fand es amüsant, den „Tatort" in arabischer Sprache zu sehen
- wurden wir mit *Lamm-Couscous* verwöhnt. Vorweg gab es
die traditionelle *Harira*, eine scharfe Suppe mit Kichererbsen
und danach Sesam-Honig-Gebäck und Mokka.

„*Al-hamdu li Llāh*" – Allah sei gedankt!

Obwohl *Lalla Fatima* eine reiche Witwe und die Eigentümerin des gesamten Wohnhauses war, besaß sie keine Küche. Sie
hatte nach alter Gewohnheit sämtliche Speisen mit dem Gas-
kocher auf dem Balkon zubereitet, während sie auf einem
Schemel kauerte.

Die Behördengänge in *Rabat* verbanden wir mit einem Bum-
mel durch elegante Ladenstraßen, bevor es zurück Richtung
Ouarzazate ging.

Damit wir noch ein paar private Stunden für uns allein haben konnten, fuhren wir weiter zu der spektakulären *Dadès*-
Schlucht.

Wir kurvten eine endlose, schmale Asphaltstraße zwischen
steil aufragenden Felswänden am *Dadès* entlang. Dann und
wann brach die Sonne durch die Felsspitzen, sodass diese
orangerot aufleuchteten.

Der Fluss gluckerte neben uns am kurvenreichen Weg, Palmengürtel zogen sich daneben längs, und der Wind pfiff unaufhörlich. Die Landschaft war wild und berauschend.

Nur vereinzelt begegneten uns Autos oder Motorräder. Über uns auf Hochebenen oder in entfernten Tälern konnten wir dahingeschmolzene *Lehm-Kasbahs* erkennen. Um das Verwittern zu verhindern, hätte man diese Burgen genauso oft mit frischem Lehm verputzen müssen, wie die Adobe-Bauten in *Taos*.

Doch die meisten Kasbahs waren längst unbewohnt.

Ab und zu liefen Männer in dunkelbraunen Kapuzenmänteln neben der Straße her. An einem Stand kauften wir Kakteenfrüchte in einer Tüte aus Zeitungspapier. Abdel zog die stachelige Schale mit einem Messer ab, und wir genossen das süßlich-aromatische Fruchtfleisch. Mein Liebster war ganz langsam gefahren, damit ich Siedlungen und Märkte am Wegesrand aufmerksam betrachten konnte.

Dort wurde ein Gemüsekarren über Stock und Stein gezerrt, dahinten verkaufte ein zahnloser Mann selbsthergestellte Holzkohle. Ein enger Laden war bis unter die Decke mit Garnen, Posamenten, Knöpfe und Borten bestückt, die nur mit einer Leiter zu erreichen waren. Vor einem Barbierladen hatte ein junger Knabe endlose Fäden an einen Pfahl geknotet und verflocht sie in einer Blitzgeschwindigkeit zu einer meterlangen Bordüre. Ein paar Frauen huschten über den Platz. Ihre leichten Umhänge waren vom Wind aufgebläht wie Segel. Ein Hauch von frischen, im Fett gebackenen *Beignets* wehte zu uns herüber, sodass wir partout anhalten und ein paar davon mitnehmen mussten.

Gegen Ende des Tages fuhren wir an einem breiten Tor vor, das zu einem ummauerten Gelände gehörte.

Abdel hupte. Kleine Falter flatterten im letzten Sonnenlicht umher, als uns ein freundlicher Mann mit tief zerfurchtem Gesicht, begrüßte: „*Salam aleikum!*".

Abdel schien ihn zu kennen, denn sie plauderten für eine kurze Weile. Es standen mehrere kohlrabenschwarze Beduinenzelte in dem weitläufigen Innenhof. Anscheinend waren keine weiteren Gäste da.

In der Mitte flackerte ein Feuer, an dem sich weitere, in Kapuzen-Mänteln gehüllte Männer wärmten. Ein paar Stoppelgesichter blickten kurz auf, als der Portier uns ein gemütlich eingerichtetes Zelt zuwies. Eine frostig kalte Nacht zog heran. Er entschuldigte sich, denn es gab weder Strom, noch warmes Wasser, aber er brachte uns heißen Tee und Fladenbrot mit einem kleingeschnippelten marokkanischen Salat. Neben dem Waschbecken befand sich ein Kanister mit eiskaltem Wasser zum frischmachen.

Wir waren ziemlich erschöpft von der langen Fahrt quer durchs Land, sodass wir bald unter einem Haufen Decken verschwanden. Zikaden zirpten bis in die Nacht hinein, und der Mond warf einen matten Schein über die Zelte. Wir hielten uns, eng umschlungen, und das Letzte was ich im trüben Licht der Kerosin-Lampe erkennen konnte, waren Abdels schwarze Augen, die mich glücklich anfunkelten.

In Ouarzazate hatten sein Vater, *Noura* und *Tarik* beschlossen, uns dieses Mal nach *Agadir* zu meinem Abflug zu begleiten. Abdels Mutter packte für uns Wegzehrung ein und legte als Geschenk Rosenwasser und eine große Flasche mit reinem *Arganöl* zu meinem Gepäck.

Ich liebte den Geschmack. Zum Nescafé am Morgen hatten wir Fladenbrot in das nussige, mit Honig vermischte *Arganöl* getunkt.

Die Zuneigung, die ich von allen verspürte, war echt und kam von ganzem Herzen. So fiel mir der Abschied auch besonders schwer, aber ich wusste ja, dass ich wiederkommen würde.

In Hannover begann ich sofort, Anträge für Abdels Visum zu stellen.

Ich suchte einen neuen Job und bewarb mich als Bedienung in dem tollen, supermodernen Restaurant „GEORXX". Ich rechnete mir dort ein gutes Trinkgeld aus, denn die Klientel bestand aus Anwälten, Bankern und Geschäftsleuten. Ich musste ja nun Geld für Zwei verdienen.

Als die Chefin meinen Lebenslauf sah, bot sie mir sofort die Führungsposition an.

Ihre derzeitige Leiterin war hochschwanger und musste aufhören.

53. Dinge überschlugen sich

Ich bat um 24 Stunden Zeit zum Überlegen, denn ich war damit doch sehr überrascht worden… und kam zu dem Ergebnis, dass ich selbst ein eigenes Lokal nicht hätte besser machen können. So sagte ich zu.

Das *Georxx* war ein hochmoderner Laden mit 120 Sitzplätzen drinnen und 200 draußen. Bald 50 Vollzeitkräfte und Studenten zu managen, würde eine ziemliche Herausforderung werden, zumal der Betrieb noch nicht besonders gut lief. Aber ich war voll Elan und Ehrgeiz, etwas daraus zu machen und legte sofort los.

Nebenbei nahm ich Computer-Unterricht, fand eine größere Wohnung, richtete sie ein, kümmerte mich um Papiere für Abdels Einreise und drängelte bei den Behörden - auch in Marokko - unsere Angelegenheit bitte zügig zu bearbeiten.

Und schneller, als je gedacht, stand Abdel mit seiner kleinen Tasche vor mir. *Happiness!*

Vor meinen Freunden hatte ich bislang alles verheimlicht, aus Angst, dass doch noch etwas schiefgehen könnte.

Abdel und ich mussten nun innerhalb von drei Monaten heiraten, damit er nicht nach Marokko zurückgeschickt werden würde.

Nach der Trauung wurden wir in einer Rikscha durch den *Maschsee*-Park kutschiert, wo wir zu sechst mit Sekt anstießen. Eine Feier mit allen Freunden, die Abdel schließlich kennenlernen wollten, fand zuhause statt.

Wir beide waren nun endlich „für immer" vereint.

Kurz danach rief Marsha eines Abends überraschend aus Taos an: Steve, ihr Vater und mein Ex-Mann, war tödlich verunglückt.

Er war, als er beim Hausbau in einem aufkommenden Sturm das Dach abdecken wollte, von einer Windböe erfasst und auf die Kante eines Trucks vor dem Haus geschleudert worden.

Ich war fassungslos. Wir heulten zusammen am Telefon. In meinem Kopf drehte sich alles, und mein Herz wurde schwer, während ich versuchte, es zu begreifen.

Steve MorningRain war gerade mal 41 Jahre alt!

Ich heulte noch, als ich nachts in Abdels Armen lag und er mich zu trösten versuchte.

Im Georxx gab es ein umfangreiches Frühstücksangebot, eine täglich wechselnde Speisekarte, Kaffeebetrieb, und abends wurde es zu einer Cocktail-Bar. Ich musste mich fast rund um die Uhr um das Geschäft kümmern, alles kontrollieren, neue Leute einarbeiten, einspringen, die Speisekarten zusammenstellen, Bestellungen aufgeben, Küchen-, Putzkräfte und neue Bedienungen suchen. Im Laufe der nächsten vier Jahre waren es an die 400 Probanden, von denen ich nur die Besten auswählte. Computer, Eismaschinen oder die Alarmanlage, die nicht funktionierten, Speisen, die nicht perfekt schmeckten, Angestellte, die nicht auftauchten, Reparaturen, Krankheiten und Ausfälle – das alles musste gemanagt werden. Dazu legte ich Wert auf einen guten, persönlichen Kontakt zu den Gästen, was mir am meisten Spaß machte.

Die Besitzerin gab Abdel einen Teilzeitjob in der Küche in einem ihrer anderen Lokale und beklebte für ihn alle Regale mit französischen und deutschen Wörtern. Eine meiner Studentinnen, eine angehende Deutschlehrerin, gab Abdel Sprachunterricht.

Ich fand für ihn einen Handball-Verein, denn er hatte in Marokko bereits Handball gespielt. Nebenbei führte er gegen Bezahlung einen kleinen Hund aus.

So war Abdel bald fast so sehr beschäftigt wie ich.

Wir sahen uns mal tagsüber im Restaurant oder am Abend, wenn ich ein paar Stunden frei nahm. Oft hatte er dann etwas Leckeres gekocht und alles bei Kerzenschein angerichtet. Aber dann wurde ich, oft auch nachts und am Wochenende, plötzlich zu meiner Arbeit gerufen, und ich musste mich von zuhause losreißen.

Das war der Preis für diese Position und für ein beachtliches Gehalt.

Notwendigerweise machten Abdel und ich jedes Jahr Kurzurlaube, mal in Berlin, Rom oder in Venedig, auf Djerba oder auf Santorin.

Dazu flogen wir alljährlich nach Marokko zu Abdels Familie. Wir waren uns alle sehr nah, und ich nannte seine Eltern nun *Maman* und *Papa*. Bei jedem Besuch schenkten sie mir ein neues langes Nachthemd und eine neue Djellaba, in denen ich mich bei meinen Besuchen heimisch fühlen konnte. Dazu immer viel Rosenwasser als duftende Erfrischung.

An Tarik und Noura hing ich besonders. Tarik begleitete mich, wenn er vom Gymnasium kam, überall hin, um mich „zu beschützen" und brachte mir dabei arabische Worte bei. Er zeigte mir Geheimwege und Orte, die ich selbst nicht gefunden, oder nie allein betreten hätte.

Noura ließ bei meinen Besuchen eine Freundin kommen, die meine Hände und Füße mit wunderschönen Henna-Tattoos bemalte.

Noura schlief auch oft bei mir im Zimmer, und wir quatschten die halbe Nacht lang.

Maman und Noura nahmen mich eines Tages mit ins *Hammam*. Diese Badeanstalt war ein Erlebnis für sich. Ohne Kleider, nur in einem Slip, wandelten wir durch Gewölbe, deren Wände und Böden mit uralten Kacheln verkleidet waren. Feuchtigkeit tropfte von der Decke, als wir uns auf den warmen, schlüpfrigen Boden setzten. Ringsherum hockten Frauen, die schnatterten und sich gegenseitig wuschen. Es war nebelig, und es duftete nach frischer Minze und Holzkohlenfeuer.

Noura stellte Eimer mit warmem Wasser in meine Nähe, als eine dicke Alte mit prallen Brüsten zu mir kam, nackt bis auf einen gerippten Schlüpper. Unbeirrt fing sie an, mich zu waschen wie ein Baby. Dafür rieb sie mich von oben bis unten mit schwarzer Schmierseife ein, die sie danach sorgsam mit einem rauen Waschhandschuh abschrubbte. Er fühlte sich so kratzig an, wie tausend Katzenzungen.

Ich hatte anfangs beobachtet, wie Maman der Waschfrau ein paar Dirham zugesteckt hatte. Nun gab sie aus kurzer Entfernung Acht, ob auch alles nach ihren Wünschen ablief.

Anschließend spülte mich die Wäscherin mit dem Wasser aus den Eimern gründlich ab. Ich fühlte mich sauberer, als je zuvor. Zum Schluss gab sie mir eine herrliche, kräftige Massage.

Ich musste mich nun auf den Bauch legen und diese schwere Frau begann Stück für Stück auf meinem Rückgrat herum zu trippeln. Alles, was ich denken konnte, war: `Was, wenn sie meine Wirbelsäule bricht - die sind hier doch sicher nicht versichert´. Aber nach ein paar Knacksern fühlte ich mich fast wie neugeboren. Maman nickte mir lachend zu, als sie meine besorgten Blicke sah, und dann wusch Noura sanft meine Haare.

Bei einem anderen Marokko-Besuch, wurde ich plötzlich in einen edlen Kaftan gesteckt, weil Chadia und Noura mich mit zu einem *Baby-Shower* nehmen wollten. Nur – ein Baby war nicht zugegen, denn die Mutter wollte es keinen „bösen Blicken" aussetzen. Im Salon saßen auf Diwanen, eng aneinandergedrängt, Damen, die in reichlich verzierte und wunderschön bestickte Kaftane gekleidet waren. Sie alle waren stark geschminkt und beladen mit üppigem Goldschmuck.

Auch ich war von meinen Schwägerinnen zuvor mit Geschmeide behängt worden, da ich auf Reisen selten Schmuck mitnahm.

Wir hatten Geschenke für das Baby mitgebracht, und ein paar mir fremde Frauen zogen mich fort, um zwischen ihnen zu sitzen. Nun spielten drei Frauen in der Mitte des Salons Berbermusik. Unendlich langer, sich immer wiederholender Gesang wurde begleitet von rhythmischem Klatschen und „Jui-Jui"-Rufen der Schönen. Diese konnten es nicht abwarten, aufzuspringen und sich anmutig im Takt zu bewegen. Auch mich zogen sie lachend mit sich. Ich gab mir Mühe, nicht wegen Ungeschicktheit aufzufallen, während die Damen ihre Haare wild herumfliegen ließen. Silberne Tabletts mit Teegläsern und kleinen Kunstwerken von Feingebäck wurden herumgereicht. Jede der Frauen legte ein Stück des Gebäckes auf einer Serviette in ihre Handtasche, während sie den heißen Tee schlürften. Noch bevor es dämmerte, löste sich diese ausgelassene Gesellschaft auf.

Nach zwei Jahren lief das Georxx wie geschnitten Brot, sodass meine Chefin mich, auf mein Drängen hin, an der Umsatzsteigerung beteiligte.

Freitags kamen unzählige Motorrad-Fahrer angerauscht und ließen sich zum Essen und Trinken nieder.

Es gab Konzerte in der Nähe, nach denen Alles ins Georxx strömte und den Laden kurz vor den Kollaps brachte.

Bei Sonne oder Regen gab es jedes Mal ein Chaos: die Gäste zogen von drinnen nach draußen und umgekehrt. Und stets musste ich zugegen sein, um alles zu überwachen und zu koordinieren.

So hatten Abdel und ich immer weniger Zeit füreinander. Er musste sich mehr und mehr allein beschäftigen.

Da zogen die ersten Sturmwolken auf.

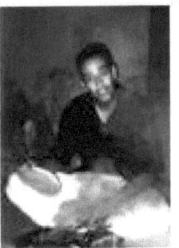

54. Was danach geschah

Abdel nahm einen neuen Job als Koch an, zog allein um die Häuser und gab immer mehr Geld aus, sodass ich uns getrennte Konten einrichten musste. Das gefiel ihm gar nicht, denn er hatte eine Vorliebe für teure Uhren, genähte Lederschuhe und Designer-Klamotten entdeckt.

Dass seine Frau mehr Geld verdiente, alles arrangierte und alles entschied, war sicher einer der Sargnägel für unsere Ehe. Eine Partnerin, der der Beruf – in seinen Augen - wichtiger war, als die Ehe, meist gestresst und ausgelaugt nachhause kam, war sicher auch nicht das, was Abdel sich vorgestellt hatte.

Allerdings hatte er, ebenso wie meine Chefin, von Anfang an gewusst, dass ich den Job nur exakt vier Jahre lang – bis nach der „EXPO 2000" – machen wollte, um dann mit ihm zusammen nach Freiburg zu ziehen.

Das Jahr „2000" wurde dann ein schreckliches Jahr, in dem ich immer öfter das Gefühl bekam, mein Mann war flügge geworden und wollte sein Leben in die eigenen Hände nehmen.

So kam diese zum Schluss sehr turbulente Beziehung unweigerlich zu einem Ende. Abdel zog aus.

Zusätzlich zerfetzte ich, bei einem Fahrradunfall auf dem Weg zum Georxx, einen Meniskus, kam wegen einer zusätzlichen Thrombose von einem Krankenhaus ins nächste, um danach nur noch auf Krücken herumhumpeln zu können.

Es war mir also während der Expo nicht möglich, zu arbeiten. Anderseits blieben die meisten Besucher sowieso auf dem Ausstellungsgelände, da die gesamte Zeit herrlichstes Sommerwetter herrschte.

Ich kündigte, obwohl meine Chefin mich zu einem weiteren Jahr zu überreden versuchte.

Der Verlust meiner Liebe schmerzte wie ein Hammer in meiner Seele. Wieder einmal war mein Herz gebrochen worden.

Meine Georxx-Kolleginnen und Kollegen spürten meine Verzweiflung und nahmen mich zu allerlei Unternehmungen mit, obwohl ich in meiner Funktion als Managerin immer sehr streng mit ihnen umgehen musste.

Meine marokkanische Familie war unendlich traurig, und nachdem wir bereits in getrennten Wohnungen lebten, luden sie mich, ohne Abdels Wissen, zu Nouras Hochzeit ein. Sie hatten vergeblich darauf gehofft, dass mein von mir getrenntlebender Mann und ich wieder zusammenfinden würden.

In Ouarzazate brachte Abdel, der kurz zuvor eingeweiht wurde, mich im „Berber Palace" unter, einer fünf Sterne Hotelanlage. Mir sollte es an nichts fehlen. Jetzt und hier war er der Herr der Dinge.

Doch eine Nähe konnten wir, trotz traumhafter Hochzeitszeremonien, Feierlichkeiten und rührender Fürsorge der gesamten Familie, nicht mehr aufbauen. Es waren bereits zu viele schreckliche Dinge passiert.

Wenige Wochen später kam die allerfurchtbarste Nachricht: Mein süßer Schwager Tarik war mit nur 16 Jahren nachts durch einen Herzstillstand im Schlaf gestorben.

Ich flog noch des Öfteren allein zu meiner Familie in Ouarzazate. Sie empfing mich jedes Mal mit unendlicher Warmherzigkeit. Wir besuchten Tariks schlichtes, namenloses Grab, an dessen Kopf- und Fußende je ein weißer Stein lag. Ich stellte ihm einen kleinen Engel dazu, da er mich immer „mon ange", meinen Engel, genannt hatte.

Die Zeit der großen Abenteuer war nun endgültig für mich vorüber.

Nach vier Jahren in Hannover bin ich nach Freiburg umgezogen, genauso wie ich es in den USA schon geplant hatte. Ich wurde ruhiger und sesshaft in Freiburg, einer wunderschönen, weltoffenen Stadt, die (fast) immer gutes Wetter hat und nie langweilig wird.

Später, auf etlichen Stippvisiten in Marrakesch, war mein Koffer mit Kinderkleidung und Beuteln voller Nähutensilien gefüllt, die ich an Bettlerinnen auf der Straße verteilte.

Auf dem Rückweg war der Koffer randvoll mit fantastischen, orientalischen Möbelstoffen. Aus ihnen stellte ich zuhause ausgefallene Taschen und Rucksäcke her und gab jahrelang Taschenkurse.

Ich schneiderte und gab Nähkurse, unterrichtete nebenbei Ausländer-Kinder in Deutsch, war Dog-Sitter für „*Granny-au-Pair*" in Frankreich, lernte Ukulele spielen, schuf eine „Schwarzwald-Kollektion", fertigte Mosaike an, malte, fotografierte und machte *KalebassenKunst*. Darüber stellte ich auch etliche YouTube-Tutorials her und schrieb ein Buch dazu.

In den folgenden zwanzig Jahren unternahm ich nur noch Kurztrips - ohne Abenteuer: nach Albuquerque, Amsterdam, Antalya, Arles, Barcelona, Belgrad, Bunbury, Denpasar, Dubai, Genf, Honolulu, Istanbul, Las Vegas, Ljubljana, Mailand, Marbella, Marrakesch, Nîmes, Novi Sad, Ouarzazate, Perth, Santa Fé, Santorin, Singapur, Sylt, Thessaloniki, Valencia, Wien und Zürich.

Viermal verbrachte ich ein paar Wochen im Kloster – zum Schreiben dieses Buches.

Einige meiner Freunde sind verzogen, manche sind verstorben, etliche neue hinzugekommen.

Mein Freund Harry spendierte mir noch ein paar Reisen nach New Mexico. Er verstarb 2005 an Herzversagen, seine Mutter folgte ihm ein paar Tage später.

Dennis Hopper wurde 2010 im Beisein einiger Hollywood-Stars, u.a. Val Kilmer und Jack Nicholson, auf einem kleinen spanischen Friedhof in Taos beerdigt.

Jimmy Morningtalk schenkte mir zu Weihnachten 2010 eine Reise nach Taos. 2013 wechselte er die Welten.

Meine Stieftochter Marsha, eine total hingebungsvolle Mutter von sechs Töchtern, lebt weiterhin in Taos, und wir bleiben in Kontakt.

Aus: In My Life von den Beatles

Es gibt Orte, an die ich mich mein Leben lang erinnern werde,
Obwohl manche sich verändert haben.
Einige für immer, nicht unbedingt zum Besseren.
Manche sind verschwunden, manche sind so geblieben.
All diese Plätze hatten ihre Momente,
Mit Liebhabern und Freunden, an die ich mich gut erinnere.
Einige sind tot, manche leben noch.
Aber in meinem Leben habe ich sie alle geliebt!

In Dankbarkeit!

Ich
bin so
gerne
glücklich